미루지 않고 바로 하는
시작의 기술

미루지 않고 바로 하는
시작의 기술

최정우 지음

THE ART OF
STARTING

여러분이 일을 미루는 이유는 간단하다.

미뤄도 큰일이 벌어지지 않는다고 느끼기 때문이다. 지금의 삶이 그런대로 참을 만하다는 생각이 있기 때문이다. 아니라고 말할 수 있는가? 여러분의 무의식 속에 '이 일을 미뤄도 내가 감당할 만하다. 어떻게든 되겠지' 하는 생각이 자리 잡고 있기 때문이다. 감당할 수 없는 일이 벌어질 때까지 '계속 미루어도 괜찮다'는 생각이 여러분의 마음속에 있기 때문이다. 아닌 것 같은가? 다음 사례를 보자.

비행기를 타고 가는 여행길을 떠올려보자. 여러분은 비행기 탑승시간에 늦어본 적이 있는가? 아마 없을 것이다. 왜일까? 감당할 수 없기 때문이다. 비행기 탑승시간을 놓치면 계획했던 모든 일정이 무산되고, 시간과 돈, 주변의 원망까지 감당해야 하기 때문이다. 이를 감당할 자신이 없기에 그 시간에는 절대 늦지 않는다.

등교 시간, 직장 출근 시간, 친구와의 약속 시간은 어떨까? 이런 시간에는 누구나 늦어본 적이 있을 것이다. 정말 피치 못할 사정으로 늦는 것 외에 단순히 늑장 부리다가 늦어본 적이 누구나 있을 것이다. 왜 이런 시간에는 늦어봤을까?

감당할 만하기 때문이다.

지각으로 인한 상사의 눈초리와 친구의 잔소리는 감당할 만하기 때문이다. 생각의 작은 차이가 태도의 큰 차이를 만든다.

이러한 무의식적 행동이 우리의 삶에 큰 영향을 미치고 있다.

우리가 어떤 일을 앞두고 왜 자꾸 미루려고 하는지, 왜 쉽게 시작을 못 하는지, 시작하더라도 왜 금방 집중력이 달아나 버리는지 그 이유를 정확히 아는 것은 중요하다. 그 이유를 정확히 알수록 더 잘 시작할 수 있다. 끈기 있게 도전하고, 해내고 싶었던 일을 할 수 있다.

"오늘 아무것도 하지 않으면서 인생이 바뀌기를 바라는 것은 정신병이다."

아인슈타인이 한 말이다. 우리는 어쩌면 다른 삶을 원하면서도 어제와 똑같은 삶을 살고 있는 것은 아닐까? 어제와 같은 노력을 하면서 오늘과 다른 내일을 바라고 있는 것은 아닐까? 더욱이 어제 시작했어야 할 일을 내일로 미루고만 있는 것은 아닐까?

여러분이 달라져야 여러분의 하루가 달라지고, 여러분의 하루가 달라져야 여러분의 내일이 달라진다. 내일이 달라져야 미래가 달라진다. 미래는 아직 정해지지 않았다. 그 미래에 여러분 자신을 좀 더 적극적으로 참여시켰으면 좋겠다.

이 책은 그러한 변화를 위한 첫걸음이 되는 책이다. 우리가 왜 일을 미루고 시작을 어려워하는지 그 심리적 이유를 분석하고, 바로 시작하는 사람으로 거듭날 수 있는 방법을 제시한다. 단순히 게으름에서 벗어나기 위한 지침서가 아니라 더 나은 삶을 위한 실천적이고 유용한 충격 요법이라고 생각하는 것이 좋겠다. 삶을 더 나은 방향으로 바꾸고 싶다면 이 책과 함께 시작해보길 바란다. 미루는 습관을 극복하고, 더 나은 내일을 향해 나아갈 수 있을 것이라 확신한다. 변화를 위한 준비를 하고, 이제 시작하자.

더 이상 미룰 필요가 없다.
더 이상 미루지 않을 수 있다.

최정우

목 차

•

1장 | 미루기 습관에서 빠져나오지 못하는 심리적 이유

2장 | 미루지 않고 바로 시작해야 하는 절대적 이유

3장 │ 시작에 도움을 주는 마인드

4장 | 시작에 도움을 주는 행동

5장 | 일단 시작했다면 유지하는 것도 중요하다

미루기 습관에서
빠져나오지 못하는
심리적 이유

'시간이 없어서' 못 했다는 말의
숨은 의미

이런 생각을 할 때가 있다.

'시간이 없어서 못 했다.'
'시간이 좀 더 있었다면 해냈을 것이다.'

냉정하게 자신에게 질문을 던져본다.

'정말 나에게 시간이 좀 더 있었다면 달라졌을까?'

'시간이 더 있었다면 정말 해낼 수 있었을까?'

모를 일이다. 그랬을 수도 있고, 아닐 수도 있다. 아니라면 왜 아닐까?

시간이 문제가 아니기 때문이다. '의지'의 문제였기 때문이다. 정말 하고 싶었다면, 꼭 해내고 싶었다면, 하지 않고는 못 배기는 일이었다면 어떻게라도 시간을 내서 했을 것이다. 잠자는 시간을 줄이든, 노는 시간을 줄이든, 밥 먹는 시간을 줄이든, 이동 시간을 줄이든, 게임하는 시간을 줄이든, 쇼츠 보는 시간을 줄이든 어떻게 해서든 시간을 내서 했을 거란 말이다.

시간이 없어서 못 한다는 말은 '나는 아직 그만큼의 절박함이 없다'는 뜻으로 이해하면 된다. 당신이 너무나 보고 싶은 사람이 있다. 너무나 사랑하는 사람이다. 바쁘다는 핑계로 만나지 않고 버틸 수 있는가? 정말로 간절히 원한다면 아무리 시간이 없어도 만나러 갈 시간을 만들어낼 것이다.

만약 지금 시간이 없어서 당신이 어떤 일을 시작하지 못하고 있다면 차라리 다행이다. 그 일을 바로 시작하면 없던 시간도 만들어질 테니까.

그러니 시간이 없어서 못 했다는 말은 하지 말자. 그 시간 안에 '못 해도 된다'고 생각했기 때문에 하지 않았을 가능성이 크다.

'에이, 그때까지 이 돈을 안 내도 별문제 없겠지', '에이, 그 시간까지 도착하지 않아도 사람들이 이해해주겠지', '에이, 그때까지 마감 원고를 보내지 못해도 뭐라고 하지 않겠지'라는 생각이 있었기 때문이다. 시간 안에 하지 않아도 감당할 수 있다고 생각했기 때문에 그렇게 한 것이다.

베스트셀러 《리워크(Rework)》의 작가 제이슨 프라이드는 다음과 같이 말했다.

"당신이 무언가를 몹시도 갈망한다면, 당신은 당신의 다른 할 일에도 불구하고 그것을 위한 시간을 만들어낸다."

("When you want something bad enough, you make the time regardless of your other obligation.")

맞는 말이다. 당신이 무언가를 제때 시작하지 못했다면, 제때 끝내지 못했다면 그만큼 간절히 원하지 않았을 가능성이 크다.

어차피 시간은 한정되어 있다. 누구에게나 공평한 24시간이다. 누구는 시간이 넘쳐흘러서 시작할 수 있고, 누구는 시간이 없어서 못 한다는 것 자체가 말이 안 된다. 물론 사람마다 상황이 다를 수 있다. 똑같은 1시간이 주어져도 누군가는 그 1시간을 그냥 누워서 보내도 괜찮은 상황에 있을 수 있으며, 누군가는 그 1시간 안에 밥도 먹고 출근 준비도 하고, 아이도 어린이집에 데려다주고 출근해야 할 수 있다. 그래서 시간의 효율적 사용이 중요하다.

일상 속 시간의 효율성을 따지는 습관을 들이자. 효율성을 따지기 위해서는 일의 우선순위가 필요하다. 일의 우선순위가 있어야 똑같은 시간이라도 더 중요하고 의미 있는 일에 먼저 쏟아부을 수 있다. 시간을 핑계로 대지 않을 수 있다면 시간은 당신 편이다. 당신이 해야 할 일이 있다면 그냥 하자. 시간이 없다는 핑계는 대지 말고.

결국 후회로 남는 것은
'해보지 않은 일'이다

여러분이 하기로 결정한 것에 대해 이렇게 후회해본 적이 분명 있을 것이다.

'아, 내가 왜 그걸 한다고 했지?'
'내가 왜 이 일을 시작했을까?'
'이미 일을 벌여놓았으니 취소할 수도 없고 이거 진짜 미치겠네. 야단났다!'

그런데 이런 후회만 있을까? 하지 않은 것을 놓고 후회해본 적은 없는가? 분명 있을 것이다.

"해도 후회, 안 해도 후회"라는 말도 있다. 어떤 후회가 더 클까? 정답을 알기 힘든 질문이다. 물론 상황이나 성향에 따라 달라질 수도 있을 것이다.

여러분은 한 것에 대해 후회를 많이 하는 편인가? 하지 않은 것에 대해 후회를 많이 하는 편인가? 하지 않은 것에 대해 '후회를 한다'는 표현도 있지만 '미련이 남는다'라는 표현도 있다. 미련(未練)의 '련(練)'은 잿물을 삶아 희고 부드럽게 한다는 '누이다'라는 뜻과 함께 '겪다, 경험하다'라는 뜻도 있다. 결국 미련이 남는다는 것은 '겪어보지 않은 것, 경험하지 않은 것'이 남아 있다는 뜻이다. 그렇다면 미련을 없애려면 어떻게 해야 할까? 간단하다. 해보면 된다. '할까 말까' 고민될 때 해보는 것이다. 해보면 적어도 미련은 남지 않는다. 해봤기 때문에.

어차피 그런 의미에서 해도 후회, 안 해도 후회라면, 해보고 후회하는 것이 낫지 않을까? 지금 여러분이 30대, 40대라면 해보지 않은 것에 대해 갖는 후회가 더 클 것이다. 나도 그렇다. 해본 것들은 결과가 어떻게 되었든 경험으로 남아 있다. 결과가 어쨌든 미련은 없다. 해보지 않은 것들은 미련으로 남아 있다. 잊은 줄 알았는데 문득 생각날 때가 있다.

코넬대학교 심리학과 토마스 길로비치 교수가 진행한 후회와 관련한 연구를 보면, 사람들이 후회하는 요인에 대한 변화를 볼 수 있다. 초기에는 사람들이 자신이 한 행동에 대해 후회하는 경향이 강했다. 예를 들어, 실수로 인한 금전적 손실, 충동적 결정으로 인해 발생한 후회가 초기에는 더 빈번히 보고되었다. 시간이 지나면서 사람들은 자신이 하지 않은 것에 대한 후회를 점점 더 많이 하는 것으로 보고되었다. 예를 들어, 기회를 놓친 일, 도전하지 않은 일, 관계를 유지하지 않은 것 등에 대한 후회가 더 강하게 나타난 것이다.[1]

한 것에 대한 후회는 시간이 갈수록 왜 줄어들까? 뇌가 한 일은 잊기 때문이다. 하지 않은 것은 계속 생각난다. 자려고 누웠을 때, 멍을 때릴 때, 비슷한 상황이 되었을 때 자연스레 떠오른다. 해보지 않은 것에 대한 미련이다.

지금 당신도 시작할까 말까 고민하는 무언가가 있을 것이다. 얼마나 고민스러울까? 그 심정 이해가 간다. 하지만 어차피 정답은 없다. 크게 잃을 것이 없는 상황이라면 그냥 해보면 어떨까? 그렇게 해보는 것이 윤리적, 도덕적으로 문제가 없다면, 타인에게 피해를 주지 않는 것이라면, 설령 잘 안되더라도 자신이 감당할 수 있는 수준이라면 일단 해보자. 그게 낫다.

어차피 하지 않으면 미련은 따라온다. 시간이 지나며 하지 않은 것에 대한 미련과 후회는 앞서 살펴본 것처럼 더 커질 수 있다. 어차피 나중에라도 결국 하게 될 것 같다면, 차라리 지금 하자. 지금 해보고 결론을 내자. 나중에는 하고 싶어도 못할 수 있다. 어떤 일을 함으로써 성공하는 것도 중요하지만, 미련을 남기지 않는 것도 중요하다.

가장 좋은 선택은
그 자체로 존재하지 않는다

밀란 쿤데라의 소설 《참을 수 없는 존재의 가벼움》에는 이런
말이 나온다.

"인간의 삶이란 오직 한 번뿐이며, 모든 상황에서 우리는 딱
한 번만 결정을 내릴 수 있기 때문에 과연 어떤 것이 좋은 결정
이고 어떤 것이 나쁜 결정인지 결코 확인할 수 없을 것이다. 여
러 가지 결정을 비교할 수 있도록 두 번째, 세 번째 혹은 네 번째
인생이 우리에게 주어지진 않는다."

맞는 말이다. 사실 어느 시점에 하든 그 선택 자체로 좋은 선택, 나쁜 선택이 있는 것은 아니다. 지금 하는 선택이 지금은 좋은 선택으로 보일 수도 있지만, 나중에 가서는 나쁜 선택이 될 수도 있다. 지금 하는 선택이 별로 내키지 않지만 시간이 지나보면 '그렇게 선택하길 잘했다'라는 생각이 들 수도 있다. 우리가 지금 하는 선택이 정말 좋은 선택이었는지 나쁜 선택이었는지, 아니면 좋지도 나쁘지도 않은 선택이었는지는 죽기 전까지 장담할 수 없다.

어차피 모든 선택에는 일장일단(一長一短)이 있다. 완벽한 선택이란 없다. 좋은 점만 있는 선택도 없다. KTX를 타면 목적지에 빨리 도착할 수 있지만 그만큼 비싼 요금을 지불해야 한다. 아름다운 이성과 썸을 타면 눈은 즐겁겠지만 그만큼 불안한 마음은 떨쳐내기 힘들다. 당장 회사에 취업하면 돈은 벌 수 있겠지만 원래 하고 싶었던 일들은 미루어야 하고, 폴딩 핸드폰을 쓰면 트렌디해 보이고 휴대성이 좋지만 그만큼 액정의 수명은 짧아질 수 있다(실제로 써본 나의 경험이다).

선택의 순간에 우리가 할 수 있는 첫 번째 행동은 가장 최선이라 믿는 그 선택을 하는 것이고, 두 번째 행동은 그 선택에 대해서 '최선'을 다하는 것이다. 최선을 다하는 것이 무엇보다 중요하다. 내가 한 선택을 따라 최선을 다해 좋은 결과를 만들어낸다면 그것은 좋은 선택이 될 것이고, 그렇지 않다면 안 좋은 선택이 될 것이기 때문이다.

그러므로 옳은 선택, 정답인 선택을 찾아내겠다는 생각은 버리자. 어차피 완벽한 선택은 없다. 어떤 선택을 하든 선택한 것에 대해 뒤도 돌아보지 말고 최선을 다하는 것이 중요한 이유다. 어떤 선택을 하든 그 선택을 '최고의 선택'으로 만들면 된다. 이미 한 결정에 모든 열정을 쏟아붓는 것이다. 전력투구해보는 것이다. 그것이 가장 좋은 선택을 하는 방법이다. 가장 좋은 선택은 그렇게 나 자신이 '만드는' 것이다.

당신도 지금 이 순간 고민되는 선택이 있을 것이다. 이걸 선택할까? 저걸 선택할까? 아니면 그렇게 할까? 이걸 선택하고 싶다가도 아닌 듯하여 다른 것을 선택할까 싶기도 하다. 도저히 모르겠다 싶은 순간에 있을 수 있다. 그럴 때는 이렇게 생각해보자.

'어차피 정답인 선택은 없다. 조금이라도 낫다는 생각이 드는 선택을 하고, 그 선택 이후에 최선을 다하자.'

또, 여러 가지 선택지를 고려하고 싶어도 선택의 폭 자체가 좁은 상황도 있다. 그 선택을 하고 싶지 않은데, 선택지가 그것밖에 없는 상황에 놓이는 것이다. 그럴 때도 우리는 진퇴양난에 빠진다. 선택의 여지가 없다는 생각에 절망에 빠져 처지를 비관하거나 우울감을 느낄 수 있다. 예를 들어 대학원에 진학해 공부를 더 해보고 싶지만 집안의 경제 사정으로 어쩔 수 없이 취업을 해야 하는 상황에 있을 수도 있다. 스타트업을 시작해보고 싶지만 당장 매달 나가는 대출이자 때문에 울며 겨자 먹기로 회사에 남아 있어야 하는 상황에 있을 수도 있다. 이해한다. 다른 선택의 여지가 없다는 것 자체가 마음의 여유를 앗아간다. 하지만 그런 상황 속에서도 우리는 최선의 선택을 만들 수 있다. 선택지가 하나뿐인 상황에 반드시 안 좋은 면만 있는 것은 아니다. 선택의 여지가 없기 때문에 오히려 그 선택지에 더 매진할 수 있다. 더 집중할 수 있는 것이다.

하워드 슐츠는 '스타벅스'를 전 세계적인 커피 체인 브랜드로 성장시킨 장본인이다. 그는 뉴욕 브루클린의 빈곤한 가정에서 태어나 어린 시절을 공공 주택에서 보냈다. 어렵게 대학을 졸업하고 선택의 여지 없이 곧바로 취업을 했다. 집이 부유했다면 걱정 없이 해보고 싶은 일을 해보며 진로를 찾아볼 수 있었겠지만 그가 번 돈으로 가족을 부양해야 한다는 선택지밖에 없었다. 그렇게 그는 주어진 환경 속에서 할 수 있는 것에 최선을 다하고 노력을 쏟아부어 스타벅스에서는 없어서는 안 될 존재로 성장했다.

여러분도 자신의 상황을 남들과 비교해가면서 '나에겐 왜 선택지가 이것밖에 없지? 나도 남들처럼 다른 선택지들을 가져보고 싶다' 하면서 자책하고 괴로워하지 말자.

차라리 선택지가 없으면 고민할 일도 없다는 장점도 있다. 고민하느라 스트레스를 받을 일도 없다. 어차피 선택은 정해져 있으니까 말이다. 선택의 여지가 없으니까 이것저것 재지 말고 그것에 매진하면 된다. 그렇게 하다 보면 그 분야의 전문가라고 할 수 있을 만큼 성장을 이루고, 그를 통해 점점 더 많은 선택지가 찾아오는 신기한 경험도 할 것이다.

자신이 생각하기에
완벽한 때를 기다리는가?

뭔가를 시작하기에 아직 준비되지 않았다고 생각하며 시작을 머뭇거리게 될 때가 있다.

'그 사업을 시작하기엔 아직 내가 충분한 준비가 안 되어 있어.'

'아직은 내가 그 사람과 어울릴 자격이 안 돼.'

'비키니를 입기엔 아직 몸매가 받쳐주질 않아.'

무언가를 시작하기 위해 더욱 완벽한 시간, 장소, 조건, 수준에 도달할 때까지 스스로 시작에 제약을 두는 것이다. 온라인 쇼핑몰을 시작하고 싶은데, 자신이 생각하는 더 많은 상품, 인맥, 자본, 마케팅 노하우가 생길 때까지 시작하지 않는 것이다. 유튜브 채널을 개설하고 싶은데 보다 재미있고, 다양한 콘텐츠, 보다 숙달된 편집이 가능할 때까지 시작을 미루는 것이다. 시작하기에 더 좋은 때가 있을 것이라 생각하며, 그런 자신을 합리화하며 시작을 미룬다.

그런데 정말 그럴까?

당신이 생각하는 완벽한 때가 오기는 올까? 아니 온다 쳐도 당신이 생각하는 완벽한 때가 다른 사람들이 생각하는 완벽한 때와 일치할까? 냉정히 생각해볼 일이다. 어쩌면 당신이 무언가를 시작하기에 중요하다고 생각하는 것들이 실제 상황에서의 조건이나 다른 사람들의 기준과 다를 수 있다. 당신은 상품의 가격이 중요하다고 생각해 좀 더 저렴한 제품을 가져올 다른 거래처를 찾고 싶어 하지만 일단 팔기 시작하면, 소비자의 입장에서는 가격을 상쇄하고도 남을 만큼 그 상품에 큰 매력을 느낄 수도 있다. 당신은 좀 더 완벽한 편집기술을 익힌 다음에 유튜브 콘텐츠를 올리고 싶어 하지만 막상 사람들은 허술한 편집 영상에 더 큰 재미를 느낄 수도 있다.

물론 당신이 무언가를 시작할 때 자신만의 기준을 가지고 그 기준에 도달할 때까지 노력을 하고 기다리는 마음은 이해한다. 그러한 과정도 중요하다. 하지만 때로는 자신의 기준에 완벽하지 않더라도 '한번 해보지 뭐'라는 생각으로 일단 시작하는 자세도 필요하다. 그렇게 해야 세상의 반응을 좀 더 확실히 알 수 있고, 자신의 능력이 어디까지인지, 무엇이 문제인지, 무엇을 더 개선해야 하는지 좀 더 현실적이고 정확한 판단을 할 수 있기 때문이다.

일단 해봄으로써 '아직은 준비가 미흡하구나!' 하며 현실적으로 판단을 할 수 있다. 또는 '어라? 아직 부족하다고 생각했는데 막상 해보니 할 만하네. 지금도 되는구나?'라는 생각을 하게 될 수도 있다. 이 모든 것을 가장 정확히 아는 방법은 '한번 해보는 것'이다. 한번 해봐서 크게 잃을 것이 없는 상황이라면, 누군가에게 피해를 주지 않고, 도덕적·윤리적으로 문제가 없는 상황이라면 일단 해보자.

슬픈 얘기지만 당신이 생각하는 완벽한 조건, 완벽한 준비, 완벽한 때는 영영 오지 않을 수도 있다. 예를 들어 당신이 결혼을 전제로 누군가를 만나고 싶어 한다고 해보자.

'결혼을 하려면 직장도 있어야 하고, 어느 정도 안정된 수입도 있어야 하고, 최소한 전세금은 마련해야 하고, 살도 좀 빼고…'

이런 생각을 할 수 있다. 이해한다. 하지만 그러한 조건들을 하나도 빼놓지 않고 이루기 위해 얼마나 큰 노력과 시간이 필요할지 모른다.

어느 날 우연히 마음에 드는 사람이 당신 앞에 나타났는데 '나는 아직 준비가 덜 되었어' 하면서 자신의 마음을 스스로 부정할 것인가? "저 죄송한데 제가 그쪽이 마음에 들긴 하는데요, 실은 제가 아직 누군가를 만날 준비가 안 되어서요. 준비가 다 되면 연락을 드릴 테니까 미리 연락처 좀 알 수 있을까요?"라고 할 것인가? 상대방은 떠나가고 말 것이다.

다시 한번 기억하자. 내가 생각하는 완벽한 때와 세상이 생각하는 완벽한 때는 다를 수 있다는 것을. 무언가를 시작하기 좋은 때는 완벽한 조건이 갖추어지는 때가 아니라 시도했는데 '해볼 만할 때'이다. 그것이 진정 완벽하고 효과적인 때이다. 지나친 자기 절제로 시도해보려는 자신을 묶어두지 말자.

작가 어니스트 헤밍웨이가 한 말이다. 뭔가 느끼는 것이 있으면 좋겠다.

"지금 이 순간은 현재 가지지 못한 것에 대해서 생각할 때가 아니다. 현재 가지고 있는 것으로 무엇을 할 수 있을까를 생각할 때다."

시작보다
불안과 스트레스가 앞선다

과제나 일이 주는 압박감이 불안이나 스트레스를 유발할 때 일을 미루게 되는 경우가 있다. 해야 한다는 것은 알고 있지만 시작하려고 하면 가슴이 답답하고 하기 싫어 도망치고 싶어진다. 그럴 수 있다. 나도 그럴 때가 있다. 글을 써야 하는데, 라디오 방송용 원고를 써야 하는데 시작이 잘 안될 때가 있다. 해야 하는 것은 알겠는데 그 원고를 쓰는 동안 느낄 창작의 고통을 생각하니 엄두가 나질 않는다. 라디오 방송용 원고는 보통 4주치 분량을 한꺼번에 쓴다. 분량이 많다는 생각 때문인지 원고만 생각하면, 가슴이 답답해진다.

과제나 일에 대한 압박감으로 불안과 스트레스를 느끼고, 이를 회피하고자 일을 미루는 현상을 심리학에서는 '지연 행동 (Procrastination)'이라고 부른다. 누구나 경험할 수 있는 일반적 현상으로, 과제나 업무를 앞두고 불안과 스트레스를 경험하며, 결국 일을 미루게 되는 원리(?)다.

물론 당장의 불안과 스트레스를 피하고 싶어서 일을 미룰 수 있다. 이해는 간다. 하지만 결국 임기응변(臨機應變)이다. 당장 스트레스는 피할 수 있지만 장기적으로는 더 큰 스트레스를 겪을 수 있다. 일을 미루는 행동이 단기적으로는 스트레스를 줄이는 데 도움이 될 수 있지만 장기적으로는 성과 저하와 건강 문제를 유발할 수 있다는 연구 결과도 있다.

브리검 영 대학교 심리학과의 다이앤 타이스 교수는 지연 행동이 성과, 스트레스, 건강에 미치는 영향을 장기적으로 조사했다. 학업이나 과제를 자주 미루는 학생들을 대상으로 한 학기 동안 연구가 수행되었는데, 초기에는 학생들이 스트레스를 덜 느끼고 건강 상태도 나쁘지 않았다. 하지만 학기 말이 될수록 성적이 낮아지고, 스트레스, 불면증, 소화 불량, 감기와 같은 신체적 증상을 겪는 건강 문제가 증가하는 것으로 나타났다.[2] 이는 지연 행동이 단기적으로는 스트레스를 줄이는 효과가 있지만 장기적으로는 성과 저하와 건강 문제를 초래한다는 것을 보여준다.

이처럼 불안과 스트레스를 낮추기 위해 어떤 일의 시작을 미루는 행동은 당장은 괜찮아 보일 수 있지만 나중에는 더 큰 문제를 초래할 수 있다. 당장의 스트레스를 피하고자 나중에는 더 큰 스트레스를 받을 수도 있다는 말이다.

그런 의미에서 당장 스트레스가 느껴지더라도 어떻게 해서라도 시작을 하는 것이 바람직하다. 그럼 어떻게 시작할 수 있을까? 가장 좋은 방법은 작게 시작하는 것이다. 나의 경우도 그렇다. 4주치 원고를 한꺼번에 끝내려고 하면 도저히 엄두가 나지 않는다. 대체 언제 끝내나 싶다. 그래서 난 '오늘은 1주치 분량의 원고만 작성하자'고 생각한다. 그럼 스트레스를 덜 받으며 좀 더 가뿐하게 시작할 수 있다. 압박감이 덜하다.

또 한 가지 방법은 처음부터 완벽하게 하겠다는 생각을 하지 않는 것이다. 1주치 분량의 원고를 작성할 때 처음부터 완벽하게 작성하려고 하지 않는다. '일단은 생각나는 대로 마음 가는 대로 쓰자'라고 생각한다. '나중에 필요하면 고치자'라는 생각으로 쓴다. 그래야 시작할 수 있다. 처음부터 완벽하게 시작해야 한다는 부담감을 줄여야 한다. 이처럼 처음부터 완벽하지 않아도 된다는 생각은 시작에 도움이 된다. 압박감과 스트레스를 줄여주어 시작을 도와준다.

뭔가를 해야 하는데 자꾸 불안하기만 하고 스트레스만 받는 것 같다면, 그래서 하기 싫고 미루게만 된다면, 목표를 처음부터 너무 크게 세운 것은 아닌지, 처음부터 너무 완벽히 잘하려고 하는 것은 아닌지 점검해보자.

미국의 전설적 테니스 선수이자 인권 운동가였던 아서 애시는 다음과 같이 말했다.

"지금 당신이 있는 곳에서 시작하라. 당신이 가지고 있는 것을 사용하라. 당신이 할 수 있는 것을 하라."

("Start where you are, use what you have, do what you can.")

처음부터 너무 거창한 곳에 이르려 하지 말자. 지금 당신이 있는 곳에서 작게 시작하면 된다. 그렇게 첫 시작의 부담감을 줄이자.

왠지
그 일을 시작할 마음이 생기지 않는다

한마디로 동기(動機, Motivation)가 부족할 때이다. 해야 하는 것은 알겠는데, 시작해야 하는 것은 알겠는데 '당기지' 않는 것이다. 왠지 하기가 싫은 것이다. 예를 들어 특정 과제에 대해 흥미를 느끼지 못하면, 그 과제를 수행하려는 의욕이 낮아질 수밖에 없다. 흥미가 없는 일은 지루하고 고통스럽게 느껴질 수 있기 때문이다.

한 연구에 따르면 사람들은 낮은 동기를 느낄 때 지연 행동이 증가한다고 한다. 특히 목표가 개인적으로 중요하거나 의미가 있다고 인식되지 않을 때 더욱 두드러지는 것으로 나타났다.[3] 초등학생이 지구과학 문제를 풀며 '지구의 자전 기울기가 달라짐에 따라 기후가 변화하는 원리를 내가 왜 이해해야 하지?'라는 생각이 들거나 직장인이 보고서 작성을 앞두고 '어차피 보고서를 만들어 올려봤자 한번 보고 폐기할 건데 왜 이렇게 열심히 만들어야 하는 거지?'라는 회의감이 든다면 당연히 의욕이 생기지 않는다. '어차피 해봤자 쓸모없는 행동'이라는 생각이 들면 당연히 하고 싶지 않다.

그런데 냉정히 생각해보자. 어떻게 하고 싶은 일만 하면서 살 수 있는가? 어떻게 당기는 것만 하며 살아갈 수 있는가? 하기 싫어도, 당기지 않아도 해야 할 일도 있다. 해야 할 일을 제때 끝내야 하고 싶은 일을 할 수 있는 기회가 온다. 여러분이 뭔가 시작해야 할 일이 있는데, 자꾸 미루게 되거나 하고 싶은 생각이 들지 않는다면 혹시 그 일이 자신에게 의미가 없다고 느껴지는 것은 아닌지 자신에게 물어보자. 의미가 없다고 느껴지지만 그래도 해야 할 일이 있을 때는 어떻게 하면 좋을까?

첫 번째, 그래도 나름의 의미를 찾아보는 것이다. 대표적인 경우로 군대를 들 수 있다. 군대를 다녀온 사람이라면 알겠지만 군대에서는 특히 '내가 왜 이 일을 해야 하지? 이 일을 해서 뭐하지?'와 같은 생각을 많이 하게 된다. 그렇다고 안 할 수는 없다. 군대에 오고 싶어서 온 사람이 어디 있겠는가? 그럴 때는 현실을 직시해야 한다. 할 수밖에 없는 현실을 인정하고 차라리 그것을 어떻게 하면 최대한 빨리 끝내버릴 수 있을까를 고민하는 것이 낫다.

"뜀뛰기를 하고 싶지는 않지만 그래도 운동하는 것이라 생각하고 뛰어보자."

"내가 이 복잡한 MLRS 장비 매뉴얼을 외워야 하는 것이 이해가 안 되지만 그래도 뭔가 암기하는 능력을 키워 줄 기회라 생각하자."

이런 식으로 자신이 해야 할 일에 나름의 의미를 부여해보는 것이다. 억지로라도 끼워 맞춰보는 것이다. 처음에는 그런 억지스러운 마음가짐이 도움이 안 될 것 같지만 생각을 바꾸면 점차 마음도 변한다. 우리의 뇌는 처음에는 저항하지만 결국에는 우리가 생각하려고 하는 방향으로 따라오는 습성이 있다. 의미가 있는 방향으로 생각을 하다 보면 우리의 뇌는 그에 걸맞은 근거들을 떠올려준다.

두 번째, 자신에게 즉각적 보상을 주는 것이다. 즉각적인 보상이 있는 경우, 더 쉽게 동기 부여를 받을 수 있다. 보상이 멀거나 불확실하면 일을 더 미루게 된다. 누구나 본능적으로 당장의 만족을 추구하는 경향이 있다. 배가 고픈 상황에서 지금 당장 소보로 빵을 먹을 수 있는 선택지와 3시간만 허기를 견뎌내면 1년 뒤 신라호텔 파크뷰를 이용할 수 있는 선택지 중 무엇을 선택할 것인가? 고민될 수도 있다. 어려운 문제다. 당신이 무엇을 선택할지 몰라도 고민을 했다면 고민했다는 것 자체가 흥미롭다. 당장의 만족이나 보상이 중요한 가치가 될 수 있다는 점을 증명하는 것이기 때문이다.

경제학에서는 이를 '시간의 가치(Time Preference)'라는 개념으로 설명한다. 지금 바로 100달러를 받는 것이 1년 후에 150달러를 받는 것보다 더 가치 있게 여겨질 수 있다는 것이다. 이는 즉시적 보상이 현재의 필요와 만족을 채우는 데 도움이 되기 때문이다.

이를 활용하여 스스로 동기 부여를 해보자. 당신이 '이걸 당장 해서 뭐해?'라는 생각 때문에 시작을 미루고 있다면, 먼 미래의 보상을 가까운 미래의 보상으로 당겨오자. 예를 들어 당신이 60살이 되었을 때 건강하게 살고 싶어서 지금부터 운동을 시작하려고 할 때 먼 미래의 얘기처럼 느껴질 수 있다. 그렇다면 보상시점을 가까운 미래로 당겨와보는 것이다.

'1주일 동안 빼먹지 않고 운동하면 그다음 주 월요일 점심에 내가 좋아하는 초코 바나나 푸딩을 실컷 먹어보는 거야.'

'이 프로젝트를 잘 끝내서 1년 뒤 진급하는 데 도움이 되는 것은 너무 먼 미래의 얘기야. 일단 이 보고서를 최대한 정성 들여써서 보고하고 다음 주 금요일 오후 반차를 내고 성수동 디저트

카페로 출동하자.'

　이렇게 먼 미래의 보상을 가까운 미래로 당겨오는 것이다. 미래에 아무리 값지고 크고 훌륭한 보상이 있다고 할지라도 그 것이 너무 멀게 느껴진다면 동기 유발에는 도움이 안 된다. 덜 값지고, 덜 크고, 덜 훌륭한 보상일지라도 그것이 점점 현재에 가까워진다면 그 보상은 시작의 강력한 동기가 될 수 있다.

무엇을 시작하고 어떻게 끝낼지
계획력이 부족하다면

'시작하긴 해야 하는데 어디서부터 어떻게 시작해야 할지 모르겠다.'

이런 생각으로 어떤 일의 시작점에서 더 나아가지 못하는 사람이라면, 자신의 계획력을 점검해보자.

데폴대학교 심리학과 조셉 페라리 교수는 그가 수행한 연구를 통해 지연 행동의 심리적 원인 중 하나가 계획력 부족이라는 점을 밝혀냈다. 계획적 행동을 잘하는 사람일수록 지연 행동을 덜 하고, 계획력이 부족한 사람은 더 자주 지연 행동을 보이는 경향이 있음을 발견한 것이다.[4]

여러분도 혹시 '나는 무슨 일을 하려고만 하면 왜 이렇게 쉽지가 않지?', '왜 자꾸 미루게 되지?', '어디서부터 시작해야 하지?' 하는 생각이 들며 시작을 하지 못한다면 계획력을 높일 수 있는 방법을 실행해보자.

일상생활 속에서 해볼 수 있는 몇 가지 방법을 소개한다.

첫 번째, 'To-Do 리스트'를 작성하는 것이다. To-Do 리스트 작성은 계획의 기본이다. 그날의 할 일, 내일의 할 일을 미리 메모해두는 것이다. 무엇을 먼저 할지 고민하지 않고 바로 실행에 돌입할 수 있다는 점이 장점이다. 스마트폰 앱을 다운받아 사용해도 좋고 개인수첩을 활용해도 좋다. 나는 구글 캘린더를 이용해서 그날그날의 할 일을 기록해둔다.

1. 이메일 확인하고 답장 보내기

2. 장 보기

3. 30분 걷기

4. 손해배상금 청구를 위한 전자소송법 알아보기

이렇게 할 일을 목록으로 정리해서 하나하나 체크한다. 제때 못했으면 다른 날짜나 다른 시간으로 일정을 바꿔놓는다. 하나씩 할 때마다 뭔가 해결해 나간다는 성취감, 뿌듯함을 느낄 수 있다. 계획력이 없다고 느껴진다면 To-Do 리스트를 활용해보자. 사소해 보이지만 계획력은 물론 실천력까지 길러준다.

두 번째는 '포모도로 기법(Pomodoro Technique)'을 활용하는 것이다. 이는 시간 관리 기법 중 하나로, 짧은 시간 동안 집중해서 일을 하고, 짧은 휴식을 취하는 방식이다. 시작할 엄두가 잘 나지 않거나 한 가지 일에 집중하기 어렵다면 이 방법을 추천한다. 25분 동안 집중해서 할 일을 하고, 5분 동안 무조건 쉬면 된다. 이를 4번 반복한 후 더 긴 휴식을 취하는 것이다.

올해 중학교 1학년인 아들이 언젠가부터 이 방법을 사용하고 있다. 아직 중학생이라 공부할 장소가 마땅치 않다. 독서실에 가고 싶어도 이유는 모르겠지만 중학생은 입장이 불가해서 아들은 주로 집에서 공부를 한다. 그런데 알다시피 집에서 공부를 한다는 것이 쉽지 않다. 가족이 떠드는 소리, TV 소리, 냉장고의 유혹 등 다양한 방해요소가 있다. 그래서 아들이 선택한 방법이 이 포모도로 기법이다. 자기 방에서 25분 동안 집중해서 공부를 한 후 5분간 쉬는 시간을 갖는다. 어차피 오랜 시간 집중하기 어렵다는 점을 인정하고 억지로 장시간 집중하지 않는 것이다. 딱 25분만 집중하는 것이라고 생각하면 시작에 부담이 덜하지 않겠는가? 아들은 실제로 이 방법을 통해 집중하는 시간을 점차적으로 늘려서 지금은 1시간은 집중을 할 수 있게 되었다. 본인이 집중해봤던 경험이 생기니 공부의 시작을 덜 어려워한다.

여러분도 마찬가지다. 어떤 과제를 시작해야 하는데 어떤 방식으로 해야 할지 막막하다면 일단 책상에 앉는 것부터 시작해보자. 그리고 더도 말고 덜도 말고 25분만 작업에 집중해보자. 처음부터 1시간, 2시간 동안 집중하겠다는 생각은 버리자. 25분

후 알람이 울리면 5분간 스트레칭을 하거나 간단한 운동을 하자. 다시 25분간 집중하고, 5분을 쉬자. 이렇게 4번 반복한 후에는 15분간 커피를 마시거나 좀 더 긴 운동을 하며 휴식을 취한다. 그리고 다시 25분 집중, 5분 휴식을 반복하면 된다. 이런 방법을 통해 일을 시작하고, 일에 집중하고, 일에서 멀어지는 시스템을 만들 수 있다. 그러한 시스템에 적응이 되면 어떤 일을 좀 더 기계적으로(?) 시작할 수 있다.

미국의 정치인이자 철학자인 벤자민 프랭클린은 다음과 같은 말을 했다.

"계획하는 것에 실패를 한다면 실패를 계획하는 것이다."

("If you fail to plan, you are planning to fail.")

모든 성공은 계획으로부터 나온다. 계획하지 않았던 성공은 우연이며, 우연은 금세 또 사라질 수 있다는 사실을 기억하자.

'내가 과연 해낼 수 있을까?'라는
의심이 든다

혹시 당신이 어떤 일이 잘 시작되지 않는다면 이런 생각을 무의식적으로 하고 있는 것은 아닌지 판단해보자.

'이걸 해봤자 내가 해낸다는 보장이 있을까?'

내가 해낼 수 있을까? 하는 의구심이다. 자신에 대한 불안감이다. 그 일을 시작해봤자 해내지 못할 수 있다는 두려움이 있을 수 있다. 새로운 일을 시작하기 전, 자신에 대한 의심부터 할 수 있다. 과거의 실패 경험이나 부족한 자신감 때문에 결국 새로운 도전을 포기하는 경우다. 그런데 정말 그렇게 포기하는 것이 맞을까? 그렇게 시작도 해보지 않는 것이 좋을까?

그렇지 않다. 이러한 의심은 자신에게 부과하는 부당한 제한이다. 자신을 하나의 틀에 가두는 행위다. '누구는 이것을 해낼 수 있는 사람', '누구는 저것을 해낼 수 없는 사람' 이렇게 사람별로 정해져 있는 것은 없다. 마이클 조던은 처음부터 농구황제였을까? 마이클 조던 자신은 농구황제가 될지 처음부터 알고 있었을까? BTS는 BTS가 될지 처음부터 알고 있었을까? 처음부터 그렇게 정해졌던 것일까? 손흥민은 태어날 때부터 월드 클래스 선수의 운명으로 태어났던 것일까? 사람의 운명과 능력은 정해져 있지 않다. 무엇을 할 수 있는 사람, 무엇을 할 수 없는 사람이 처음부터 따로 정해져 있지 않다.

'해낼 수 있느냐, 없느냐' 하는 것은 일단 자신이 무엇을 하고 싶은지 찾는 것이 시작점이다. 어떤 사람이 되고 싶은지, 어떤 것을 할 때 행복을 느끼는지, 무엇을 할 때 시간 가는 줄 모르고 빠져드는지, 인생의 가장 중요한 가치가 무엇이라고 생각하는지 철저하게 알아봐야 한다. 그렇게 자신과 깊은 대화를 해봐야 한다. 그 후에 하고 싶은 것, 되고 싶은 것을 찾아보자. 그것을 해낼 수 있는지 없는지 그것을 실제로 해보기 전까지는 아무도 모른다.

'해서 될까? 말까?'라고 백날을 고민해봤자 실제로 될지 안 될지 모른다. 직접 해보는 수밖에 없다. 그것이 꼭 해보고 싶은 것이라면, 하지 않으면 평생 후회할 것 같다면, 다른 사람에게 피해를 주지 않는 것이라면, 도덕적·윤리적으로 문제가 없는 것이라면 실패하더라도 감당할 수 있다면 해보는 것이 맞다.

해보고 하는 후회와 안 해보고 미련을 갖는 것 중 어떤 것의 심리적 고통이 더 클까?

코넬대학교 심리학과의 토마스 길로비치 교수는 연구를 통해 두 가지 후회의 개념을 소개했다. 하나는 하고 나서 하는 후회(Action Regret)이고, 다른 하나는 시도하지 않고 하는 후회

(Inaction Regret)이다. 연구 결과에 따르면, 단기적 관점에서는 사람들이 적극적 후회를 더 크게 느끼는 경향이 있었다. 즉 하고 나서 하는 후회가 당장은 컸던 것이다. '아 내가 그 일을 왜 했을까?', '하지 말걸 그랬어', '진짜 후회된다'와 같은 후회다. 반면 장기적 관점에서는 하지 않고 느끼는 후회가 시간이 갈수록 더 커졌다. 시간이 갈수록 '내가 그때 그것을 왜 안 해봤을까?', '해볼걸 그랬다. 후회된다.' 이런 생각이 더 강하게 든다는 것이다.[5]

여러분도 지금 이 순간 고민되는 것이 있을 것이다.

'회사를 다니고 있지만 새로운 일을 해보고 싶다. 한의사에 한번 도전해볼까?'

'내 이름으로 된 책을 출간해볼 수 있을까? 내 버킷리스트 중에 하나인데.'

사실 정답은 없다. 당신이 꿈꾸는 그 일을 해낼 수 있는지 없는지는 해봐야 한다. 일단은 해보자. 안 하고 끝낸다면, 자신을 가능성의 바다 위에 띄어보지도 않고 그대로 묻어버린다면, 나중에는 그 후회가 파도처럼 밀려온다.

눈 딱 감고 해보는 것이다. 한번 해보는 용기를 내자. 작가 마크 트웨인의 말이 당신에게 용기를 불어넣어 줄 것이다.

"20년 후에는 당신이 과거에 했던 일보다 하지 않았던 일 때문에 더 실망하게 될 것이다."

("Twenty years from now you will be more disappointed by the things that you didn't do than by the ones you did do.")

혹시
내가 성인 ADHD?

'ADHD'라는 용어를 한 번쯤은 들어봤을 것이다. '주의력결핍, 과잉행동장애(Attention-Deficit/Hyperactivity Disorder)'를 의미한다. 보통 성인 ADHD는 어린시절에 시작된 ADHD 증상이 성인이 되어서도 지속되는 경우다. 주의력 결핍, 과잉행동, 충동성 등의 증상을 특징으로 하며, 일상생활이나 직장, 대인 관계 등 여러 영역에서 문제를 일으킬 수 있다.

세계보건기구(WHO)의 보고서에 따르면 성인 ADHD의 세계적 유병률은 약 2.5%로 추정된다. 이는 성인인구 100명 중 약 2.5명이 성인 ADHD를 겪고 있다는 의미다. 이처럼 성인 ADHD는 꽤 많은 사람이 경험하고 있는 질병이다. 이것을 얘기하는 이유는 무엇일까? 좀처럼 시작을 못하거나 일을 자꾸 미루게 되는 원인이 될 수 있기 때문이다. 이 증상이 미루기와 어떻게 연관될 수 있는지 살펴보자.

첫 번째, 집중력 저하다. 성인 ADHD를 가진 사람은 집중력을 유지하는 데 어려움을 겪는다. 중요한 과제를 수행하는 도중에 쉽게 산만해지거나 주의가 딴 곳으로 흩어진다. 주의력 결핍은 과제 시작 자체를 어렵게 만들고, 과제를 완료하기 전에 포기를 자극하는 요인이 될 수 있다.

두 번째, 시간 관리와 계획 수립의 어려움이다. 과제의 우선순위를 정하거나 시간 내 완성하는 일에 대해 남들보다 어려움을 겪는다. 체계적으로 일을 처리하는 것이 힘들어서 점점 미루게 되는 것이다. 나중에는 할 일이 산더미처럼 쌓이며 큰 부담을 느낀다.

세 번째, 충동성이다. 계획된 일을 미루고 즉각적 보상을 제공하는 다른 활동에 빠지기 쉽다. 예를 들어 중요한 업무를 해야 하는 상황에서 유튜브 영상을 보거나 게임을 하는 등 즉각적인 만족감을 주는 행동을 선택하는 경향이 강하다.

혹시 위에 열거한 특징 중에 해당하는 것이 있는가? 어렸을 때 ADHD 증상을 경험했던 사람이 있는가? 성인이 된 이후에도 어떤 일을 시작하는 것이 어렵거나 일을 자꾸 미루게 되는가? 어느 정도의 미루는 습관이나 집중력 저하는 누구나 가지고 있다. 하지만 그것이 중요한 일에까지 해당한다면 성인 ADHD의 가능성을 살펴보는 것이 좋다. 물론 정확한 진단은 정신의학과 방문을 통해 확인해야 한다. 하지만 그러기엔 부담이 될 수 있다. 다행히도 간단한 자가진단 체크리스트가 있다. 필요성을 느끼는 사람은 5분가량 시간을 들여 다음 장에 있는 자가진단을 해보자.

다음은 세계보건기구(WHO)에서 개발한 '성인용 ADHD 자가 보고 척도'이다(https://add.org/wp-content/uploads/2015/03/adhd-questionnaire-ASRS111.pdf). 총 18개 문항으로 구성되어 있다. 최근 6개월 동안을 떠올리며 각 문항을 점수로 평가하면 된다.

0점 전혀 없다(Never)

1점 거의 그러지 않는다(Rarely)

2점 가끔 그런다(Sometimes)

3점 종종 그런다(Often)

4점 매우 자주 그런다(Very Often)

[파트 A] (6문항)

1. 하나의 프로젝트 세부사항을 마무리하는 데 얼마나 자주 어려움을 겪나요?

2. 일을 조직적이고 체계적으로 처리해야 하는 것에 얼마나 자주 어려움을 겪나요?

3. 어떤 약속이나 해야 할 일을 기억하는 것에 얼마나 자주 어려

움을 겪나요?

4. 많은 생각을 요구하는 일이 있을 때 얼마나 자주 시작을 피하거나 미루나요?

5. 한 자리에 오래 앉아 있을 때 얼마나 자주 당신의 손이나 발을 틀거나 만지작거리나요?

6. 얼마나 자주 과잉행동을 하고, 마치 그것을 하지 않으면 안될 것 같은 기분을 느끼나요?

[파트 B] (12문항)

7. 지루하거나 어려운 일을 해야 할 때 부주의로 인한 실수를 얼마나 자주 하나요?

8. 지루하거나 반복적인 일을 할 때 주의 집중을 하는 것에 얼마나 자주 어려움을 느끼나요?

9. 누군가와 대화를 할 때 상대방 말에 집중하는 것에 얼마나 자주 어려움을 느끼나요?

10. 집이나 일터에서 얼마나 자주 챙겨야 할 물건을 빠뜨리고, 그 물건을 찾는 데 어려움을 겪나요?

11. 어떤 활동이나 소음에 의해 얼마나 자주 주의를 빼앗기나요?

12. 회의와 같이 가만히 앉아 있어야 할 상황에서 얼마나 자주 자리를 떠나나요?

13. 얼마나 자주 안절부절 못 하나요?

14. 시간이 주어졌을 때 편안히 휴식을 취하는 데 얼마나 자주 어려움을 겪나요?

15. 사회적인 상황에 있을 때 자신이 말을 너무 많이 하고 있다고 느껴질 때가 얼마나 자주 있나요?

16. 다른 사람들과 대화할 때 얼마나 자주 그들의 말을 끊나요?

17. 순서를 기다려야 할 때 얼마나 자주 어려움을 느끼나요?

18. 다른 사람들이 바쁠 때 얼마나 자주 방해를 하나요?

※ 채점 방법

[파트 A 점수] 파트 A의 6개 문항에 대한 점수를 합산하여 계산.

총점 12점 이상: ADHD 증상 가능성 높음.

총점 6점 이상: 추가 평가가 필요.

[파트 B 점수] 파트 B의 12개 문항에 대한 점수를 합산하여 계산.

총점 18점 이상: ADHD 증상 가능성 높음.

총점 12점 이상: 추가 평가가 필요.

[총점] 파트 A와 파트 B의 점수를 합산하여 계산.

총점 26점 이상: ADHD 증상이 있을 가능성이 매우 높음.

총점 18점 이상: 추가 평가가 필요.

2장

미루지 않고
바로 시작해야 하는
절대적 이유

중요한 일을
놓치지 않을 수 있다

    우리의 작업 기억은 제한적이다. 많은 일을 동시에 기억하기 어렵다. 작업 기억 용량이 한정되어 있기 때문이다. 한 연구에 따르면 사람의 작업 기억은 평균적으로 5-9개의 항목을 한번에 처리할 수 있는 수준이다. 많은 일을 동시에 기억하고 관리하는 것이 어려운 이유다. 당신은 해야 할 일을 미루면서 '나중에 처리하면 되지'라고 생각할 수 있다. 하지만 그건 당신의 생각이다. 지금의 생각이다. 나중에 하려고 할 때는 다른 일이 생겨날 수도 있고, 까먹을 수도 있다. 해야 할 일이 있을 때 바로 시작하면 어떤 점이 좋을까? 중요한 일을 놓치지 않을 수 있다.

나는 해야 할 일이 있을 때, 처리해야 할 일이 있을 때 바로 할 수 있다면 바로 한다. 그렇게 하면 해야 할 일을 잊기 전에 해치워 버리는 효과가 있다. 예를 들어 거래처 담당자에게 첨부서류를 보내주기로 약속한 상황에서 바로 보내줄 수 있다면 바로 보내준다. 미룰 이유가 없다. 그렇게 하면 그 일은 끝난 것이다. 이처럼 누군가에게 서류를 보내줘야 할 때, 누군가에게 연락처를 보내줘야 할 때, 누군가에게 일정을 알려줘야 할 때, 누군가에게 무언가를 물어봐야 할 때 바로 하는 것이다.

예약 기능이나 알람 기능을 활용해도 된다. 예를 들어 누군가에게 무언가를 물어보고 싶은 것이 있다고 치자. 나의 경우에는 부동산이 그랬다. 최근 부동산 경기 회복 분위기가 확산되자, 투자 목적으로 사놓은 아파트의 시세가 궁금했다. 알고 지낸 부동산 중개업자에게 현장의 분위기는 어떤지 물어보고 싶었다. 그런데 오전 8시가 조금 넘은 시간이었다. 연락을 하기엔 이른 시간이었다. 하지만 꼭 물어보고 싶었다. 나중에 물어보려고 했는데 깜박하면 어쩌지?'라는 생각에 이 일정을 스마트폰 캘린더에 등록해두고 오전 11시에 알람을 맞춰놓았다. 알람이 없었다면 잊을 뻔한 일이었다. 이처럼 하고 싶은 일, 해야 할 일을 당장 하기 어려운 상황이라면 나중에 할 수 있도록 알람을 활용하자.

'나중에 하자'가 습관이 된 사람이라면 이렇게 해서 나중에라도 반드시 그 일을 해보자. 생활 속 놀라운 변화가 일어날 것이다. 바로 처리할 수 있는 일이라면 바로 처리하는 습관을 들이자. 바로 처리할 수 없는 경우라면 추후 적당한 때에 알람을 맞춰놓자.

할 일을 바로 처리하지 않으면 이후에도 계속 신경을 써야 한다. 까먹지 않도록 기억해야 한다. 앞서 말했듯 우리의 기억 공간은 제한적이다. 처리해야 할 일을 머릿속에 간직하고 있으면 다른 중요한 정보를 기억하는 데 방해가 된다. 해야 할 일을 바로 처리함으로써 기억력 부담도 줄일 수 있고, 더 이상 신경 쓰지 않아도 된다.

지금 바로 하지 않고 나중에 하려고 하는 만큼 그사이 당신의 주의력은 낮아질 수밖에 없다. 나중에 그 일을 처리하려고 할 때는 예상치 못한 변수들이 생길 수도 있다. 더 중요한 일이 생기거나, 하고 싶어도 못하는 상황이 생길 수 있다. 세상은 당신이 잠시 미루어놓은 일을 나중에 할 수 있도록 배려해주지 않는다. 가만히 기다려주지 않는다.

할 수 있을 때 하자. 굳이 왜 미루는가?

자기 계발 분야 전문가이자 작가인 데이비드 알렌은 그의 《끝도 없는 일, 깔끔하게 해치우기(Getting Things Done)》를 통해 일을 처리하는 방법을 소개했다. 그중 하나는 이것이다.

"2분 이내에 완료할 수 있는 간단한 작업은 즉시 처리하라."

2분 이내에 처리할 수 있는 일은 얼마든지 많다. 연락처 보내주기, 시험 일정 확인해주기, 버스 시간 알아보기, 증권사 계좌 만들기, 은행에 전화해서 금리인하요구권 사용방법에 대해 알아보기, 가고 싶었던 디저트 카페에 이번 주 토요일 예약이 가능한지 알아보기, 공과금 납부하기 등이다.

간단한 일들이지만 제때 하지 않으면 점점 쌓이고 불편해질 수 있는 일들이다. 굳이 나중으로 미룰 필요가 없는 일이라면 바로 끝내버리는 습관을 기르자. 생활 속 작은 변화이지만 당신의 인생이 달라질 수도 있는 중요한 습관이다.

더 많은
시행착오를 겪을 수 있다

시행착오는 중요하다.

예상되는 문제와 실제 발생하는 문제가 항상 같은 것은 아니기 때문이다. 문제가 될 것이라 생각했으나 실제로는 별문제가 아닌 경우도 있다. 문제가 되지 않을 것이라 생각했으나 실제로 해보니 문제가 되는 경우도 있다. 이것들을 어떻게 알 수 있을까? 직접 해보는 수밖에 없다.

시행착오를 두려워하지 말자. 감당 가능한 범위 내에서 되도록 많은 시행착오를 겪어보자. 이론으로 착오를 겪는 것과 직접 시행해보고 착오를 겪는 것은 차원이 다르다. 당연하게도 간접경험보다 직접경험을 통해 더 많은 것을 얻을 수 있다. 시행착오를 하면서 잃는 것이 그리 크지 않다면, 감당할 수 있는 범위 내에 있다면 시행착오는 더 빠른 성공을 보장한다.

시행이란 말은 시험할 시(試), 행할 행(行)자로 구성되어 있다. 말 그대로 시험 삼아 해보는 것이기 때문에 실패해도 괜찮다. 어차피 시험 아닌가? 물론 기분이 나쁘거나 그동안 들인 시간, 돈, 노력이 아깝다고 느껴질 수 있다. 하지만 괜찮다. 그보다 더 값진 것을 얻을 수 있다.

'실제로 해보기 전에는 몰랐는데 실제로 해보니 이런 것이 문제네.'

'실제로 해보기 전에는 몰랐는데 실제로 해보니 걱정했던 것은 크게 걱정할 필요가 없었네.'

이렇게 깨닫는 것이 있다. 이것을 바탕으로 철저히 준비할 수 있다.

사람의 일이란 것이 그렇다. 직접 해보기 전에는 문제가 될 것 같은 것도, 막상 실제로 해보면 별문제가 되지 않거나 직접 해보기 전에는 문제가 되지 않을 것 같은 것도, 막상 해보면 문제가 되는 경우가 얼마든지 있다. 실제로 해보기 전에 관련 자료, 유튜브 영상, 네이버 블로그, 전문가 문의 등을 통해 간접경험을 해볼 수는 있다. 하지만 직접 해보는 것보다는 배우고 느끼는 것이 덜할 수밖에 없다. 그런 자료들은 일반적 상황을 가정하거나 그 정보를 전하는 사람의 개인적 상황에 근거하는 경우가 대다수이기 때문이다.

시행착오가 우리의 심리에 미치는 긍정적 영향도 크다. 몇 가지를 살펴보자.

첫 번째, 자기 효능감(Self-Efficacy)의 향상이다. 자기 효능감은 도전적 상황에서 자신이 원하는 결과를 가져올 수 있다는 믿음을 의미한다. 원하는 결과를 만들어낼 수 있다는 자신감이다. 심리학자 앨버트 반두라의 연구에 따르면, 반복적 시도와 경험은 자기 효능감을 강화시키는 것으로 나타났다. 성공과 실패를 반복해 경험함으로써 자신에 대한 신뢰를 키울 수 있다는 의미다. 이러한 자신에 대한 신뢰감은 당신이 원하고자 하는 것을 이루어내는 데 분명 도움이 된다.

두 번째, 회복탄력성(Resilience)의 강화다. 회복탄력성은 어려운 일을 겪은 후 다시 일어설 수 있는 능력을 말한다. 눌러놓은 스프링에서 손을 떼면 스프링이 튀어 오르는 모습을 볼 수 있다. 많은 시행착오 경험은 당신이 어려운 일을 겪어도 다시 용수철처럼 튀어 오를 수 있는 회복탄력성을 높인다. 미네소타대학교 아동발달연구소의 앤 마스텐 교수는 연구를 통해 반복적 실패와 성공의 경험이 회복탄력성을 강화한다고 주장했는데, 도전과 실패를 겪으며 스트레스 상황에서도 긍정적인 태도를 유지하는 능력을 기를 수 있기 때문이라고 설명했다.[6]

시행착오를 두려워하지 말자. '반드시 한 번에 성공해야지'라는 생각은 버리자. 오히려 몇 번의 실패와 시행착오를 통해 거둔 성공이 더 탄탄하고 더 오래간다. 몇 번의 실패를 통해 성공을 한 사람이라면 이 말의 의미를 알 것이다. 물론 한 번에 성공하는 것을 바랄 수 있다. 한 번에 성공할 수도 있다. 하지만 한 번의 시도로 이뤄낸 성공은 금세 무너질 수 있다.

실패를 거친 성공이 진정으로 단단하고 더 의미 있는 성공이라 생각하지 않는가? 한 번에 성공했다고 해서 너무 우쭐해할 필요도 없고, 몇 번의 시도에도 성공하지 못한다고 해서 크게 낙담할 필요도 없다. 오히려 한 번의 시도로 거둔 성공을 경계하자. 어렵게 돈을 모은 사람은 쉽게 돈을 쓸 수 없고, 쉽게 돈을 모은 사람은 쉽게 탕진할 수 있는 것과 같다.

미국의 독립운동가이자 작가였던 토머스 페인은 이런 말을 남겼다.

"우리는 우리가 너무 쉽게 얻은 것들을 너무 가볍게 여긴다."

("That which we obtain too easily, we esteem too lightly.")

　당신이 이룬 성과 중에 특히 기억에 남고 소중한 것이 있다면 그만큼 어렵게 얻은 것일 가능성이 크다. 몇 번의 실패를 거쳐 얻은 성공은 그만큼 특별하고 쉽게 무너지지 않는다. 시행착오는 당신의 성공을 재촉하며, 시행착오는 당신이 이뤄낼 튼튼한 성공의 첫 번째 조건이다.

변수를
줄일 수 있다

앞에서 잠시 언급했지만 세상에는 변수가 넘쳐난다. 돌발상황이 너무나도 많다. 세상은 우리가 생각한 대로 움직여주지 않는다. 생각하지도 못했던 일이 발생하기도 하고, 생각했던 일이 일어나지 않기도 한다. 그러므로 자신이 생각하기에 꼭 시작하고 싶은 일, 꼭 해야 하는 일이 있다면 되도록 지금 바로 시작하자. 당신이 나중에 그 일을 시작하려고 할 때는 예상치 못한 다른 일로 인해 시작하기 어려울 수 있다. 미리 시작해두면 나중에 생기는 돌발상황으로 인한 피해를 최소화할 수 있다.

계획을 세울 때 기억해야 할 가장 중요한 첫 번째 원칙은 '계획은 계획대로 되지 않는다'이다. 모든 계획이 반드시 계획대로 되지 않는다. 아무리 철저한 계획을 세웠다 한들 실제로 일을 하다 보면 수많은 변수를 만난다. 물론 어떤 변수는 일에 도움을 주기도 하지만 대부분의 변수는 일을 방해한다. 이러한 변수들을 최소화할 수 있는 가장 좋은 방법은 무엇일까?

바로 하는 것이다. 하려고 마음을 먹은 순간과 실제 그 일을 하는 시점 사이의 간격을 최소화하는 것이다. 그 간격을 최소화하는 만큼 변수는 줄어든다. 계획대로 일을 진행할 수 있는 가능성이 커진다.

다이어트를 시작하기로 결심했다고 하자. 지금 당장 시작하는 것과 일주일 뒤 시작하는 것은 뭐가 다를까? 성공의 가능성이 다르다. 왜 다를까? 변수의 영향을 덜 받기 때문이다. 지금 당장 시작한다면 변수가 끼어들 틈이 없다. 결심 → 실행의 단계이기 때문이다. 일주일 뒤에 시작한다면 어떨까? 결심 → 1주일 → 실행의 단계를 거친다. 그 1주일 사이에 어떤 일이 있을지 아무도 모른다. 그사이 회식이 잡힐 수도 있고, 친구와의 약속이 잡힐 수도 있고, 비가 와서 운동을 건너뛸 수도 있다.

상황이 어떻게 변화할 것인지, 어떤 것이 튀어나올지 알 수 없다. 아무리 열심히 예측해도 예측하지 못한 것이 변수다. 아무리 열심히 계획을 세워도 계획대로 되지 않는 것이 변수다. 변수의 무시무시한 영향력을 무시해서는 안 된다.

지금은 하고 싶지만 나중에는 어떤 변수가 생겨서 그것을 포기하고 싶어질 수도 있다. 지금은 가고 싶어 하지만 나중에는 상황이 바뀌어 못 가게 될 수도 있다. 그러므로 반드시 하고 싶은 것이 있다면, 반드시 가보고 싶은 곳이 있다면 서두르자. 지체하지 말자. 나중에는 변수가 당신의 발목을 잡을지 모른다.

누군가 카톡 프로필에 이런 말을 올려놓은 것을 보았다.

"할 수 있을 때 하지 않으면, 나중에는 하고 싶어도 못 한다."

맞는 말이다. 지금은 여행 다닐 수 있는 금전적 여유와 시간이 있는데도 이 핑계 저 핑계를 대며 여행을 포기한다면? 나중에는 시간이 없거나 돈이 없거나 몸이 아파서 가고 싶어도 못 가게 될 수도 있다.

노벨 경제학상 수상자 대니얼 카너먼 교수는 그의 저서《생각에 관한 생각(Thinking, Fast and Slow)》에서 의사결정 시스템의 두 가지 방식을 소개했다. 빠른 사고(思考)와 느린 사고(思考)이다. 빠른 사고는 즉각적이고, 자동적이며 일상적인 결정에 주로 사용된다. 이를테면 우리가 위험을 감지하면 순간적인 판단으로 몸을 피하는 것처럼, 생각을 거치지 않고 즉각적으로 행동하는 것을 말한다. 빠른 사고를 시작에 활용한다면, 시작을 앞두고 망설이는 시간을 최소화하고 바로 돌입할 수 있다. 상황 변화를 최소화하여 변수가 생기기 전에 계획대로 일을 진행할 수 있다는 장점이 있다. 자주 하는 것이고, 일상적인 결정이라면 지체 없이 하는 습관을 들이자.

자기 계발 전문가이자 작가인 나폴레온 힐은 다음과 같이 말했다.

"할 수 있는 것을 해라. 지금 당장."

("Do what you can. Do it now.")

하고 싶은 것이 있다면, 해야 할 것이 있다면 지금 바로 시작하자. 굳이 더 지체할 필요가 없다. 할 수 있는 것을 하자. 하고 싶은 것을 하자. 해야 할 일을 지금 바로 시작하는 것이 변수를 없애는 가장 확실하고 강력한 방법이다.

경험할수록
덜 불안하다

생각만 하는 사람과 일단 해보는 사람이 시간이 지나 갖게 되는 가장 큰 차이는 무엇일까? 바로 경험이다. 당연하게도 경험은 중요하다. 실제로 해본 사람과 생각만 하는 사람에게는 당연히 큰 차이가 생긴다. 경험이 있으면 어떤 일을 시작할 때 부담이 덜하다. 부담이 덜하고 불안감을 덜 느끼는 만큼 좋은 결과로 이어질 수 있다.

경험의 심리적 효과를 구체적으로 살펴보자.

첫 번째는 자신감이 향상된다는 것이다.

어떤 일을 함에 있어 한번 해봤던 일을 하는 것과 난생처음 하는 일은 자신감부터가 다르다. 아르바이트를 처음 시작할 때와 경험이 있을 때의 떨림과 긴장감이 다르다. 군대를 처음 갈 때와 전역 후 예비군 훈련을 갈 때 두려움이 다른 것처럼, 난생처음 회사에 가는 출근길과 이직을 하고 첫 출근을 할 때의 불안감도 다르다. 군대에서 굴러본 경험이 있고, 아르바이트를 하면서 고생해본 경험이 있고, 회사에서 이 꼴 저 꼴 다 겪어본 경험이 있는 사람은 비슷한 시작을 할 때 그리 두렵지 않다. 이렇게 '해봤다'는 것 자체가 중요하다. 해보면 어느 정도 알게 된다. 아는 만큼 덜 불안하다.

우리가 새로운 일을 앞두고 두려워하는 것은 어떤 일이 생길지 모르기 때문이다. 경험이 있으면 다르다. 어떤 일이 생겨도 잘 대응할 수 있을 것이라는 믿음이 있다. '해봤던 거니까 그땐 이렇게 하면 될 거야'라는 생각을 할 수 있다. 이것이 자신감이다. 이러한 자신감은 경험으로 얻는 것이 가장 확실하다.

심리학자 데이비드 콜브는 '경험 기반 학습(Experiential Learning) 이론'을 소개했다. 그는 학습 과정이 단순히 지식의 전수에 그치지 않고, 실제 경험을 통해 학습자가 능동적으로 지식을 갖춰 나가는 것이라고 했다. 그에 따르면, 학습자는 다음의 네 가지 과정을 반복하면서 지식과 자신감을 쌓아갈 수 있다.

구체적 경험(Concrete Experience)

반성적 관찰(Reflective Observation)

추상적 개념화(Abstract Conceptualization)

적극적 실험(Active Experimentation)

위의 단계에서 볼 수 있듯 학습의 시작은 '경험'이다. 경험을 통해 학습을 시작할 수 있고, 학습을 통해 지식과 자신감을 쌓아나갈 수 있다. 경험 없이는 자신감도 없다. 경험하는 사람만이 진정한 자신감을 얻을 수 있다.

두 번째는 요령이 생긴다는 것이다.

일을 할 때 요령을 알면 참 편하다. 일이 손에 익어가면서 요령을 터득하는 과정은 중요하다. 요령은 우리로 하여금 효율적으로 일할 수 있게 한다. 더 적은 노력과 시간을 들이고 더 많은 생산물과 더 많은 결과를 낼 수 있게 만든다. 요령은 어떻게 얻을 수 있을까? 책을 읽거나 영상을 봐서 혹은 남들로부터 얘기를 듣는 간접경험을 통해서는 한계가 있다. 직접 해보는 것이 가장 확실하다. 직접 해보지 않고 터득할 수 있는 요령은 없다.

요령은 결코 나쁜 말이 아니다. 일을 더 수월하고 잘 처리할 수 있게 해주는 기술이다. 그러한 기술은 하루아침에 생기지 않는다. 꾸준한 경험을 통해 쌓을 수 있다. 지금 여러분이 어떤 일을 하면서 자신이 서투르다고 느낄 수 있다. 자신과 맞지 않다고 느낄 수 있다. 꼭 해보고 싶었던 일이라면, 꼭 해야 하는 일이라면 조금만 더 버텨보자. 요령이 생겨가는 과정일 수 있다. 요령만 생기면 좀 더 쉽고 간단하게 그 일을 해낼 수 있다. 그런 때는 반드시 온다.

로스차일드 가문은 전 세계 금융역사상 가장 유명하고 큰 영향력을 가진 집단이다. 이 가문의 창시자인 메이어 암셀 로스차일드는 이런 말을 했다.

"프로가 되기 위해서는 지식만으로 충분하지 않다. 실제 경험이 필수다."

("Knowledge alone is not sufficient to become a professional. Actual experience is necessary.")

우리 모두 우리 각자의 인생에서 프로다. 아마추어 인생을 살고 싶은 사람은 없다. 당신도 마찬가지다. 프로가 되기 위해 실제로 해보자. 실제로 해볼수록 요령도 생겨난다.

데드라인의 압박감에서
자유로울 수 있다

특별한 이유 없이 할 일을 습관적으로 미루는 사람들이 있다. 그 일을 해야 한다는 부담감 때문이다. 그 일을 하는 것이 왠지 모르게 스트레스가 되는 것이다. 이해는 간다. 누구나 하기 싫은 일이 있을 때가 있으니까. 얄미운 사람에게 뭔가 부탁을 해야 할 때, 마음이 내키지 않는 여행지를 가족의 등쌀에 못 이겨 예약해야 할 때, 보기 싫은 영화를 연인의 요청으로 예매해야 할 때 어떤 일의 시작을 미루고만 싶어진다. 부정적 감정을 회피하고자 일단 일을 미루는 것이다. 하지만 어차피 해야 하는 일이라면, 안 할 수 없는 상황이라면 그냥 하는 것이 낫지 않을까? 스트레스는 스트레스대로 계속 받기 때문이다.

당장의 평온함을 위해 나중의 더 큰 고통을 맞이할 것인가? 해야 할 일이 있으면 그냥 하자. 특별히 미루어야 할 이유가 없다면 그냥 해버리자. 그것이 낫다. 당장 스트레스를 받기 싫어 일단 미루어 놓으면 당장은 스트레스를 덜 받는 것 같다. 하지만 스트레스가 사라지는 것은 아니다. 해야 할 일이 사라지는 것도 아니다.

해야 할 일을 앞두고 스트레스를 느껴 한쪽으로 일을 제쳐두는 습관을 지니고 있지는 않은가? 나중에 처리하려 하다 더 큰 스트레스를 받은 적은 없는가? 해야 할 일을 그냥 지금 하는 것은 마음과 신체에 분명 도움이 되는 행동이다. 스트레스와 불안을 덜 느낄 수 있는 좋은 습관이다.

해야 할 일을 바로 해버리면 심리적 안정감을 느낄 수 있는 것은 자명하다. 미리 해놓으면 마음이 편할 수밖에 없다. 나는 해야 할 일이 있을 땐 그냥 해버리는 편이다. 어차피 할 건데 특별한 이유가 없다면 바로 한다. 어차피 할 것 아닌가? 해놓지 않고 있으면 계속 신경이 쓰일 수밖에 없다. 신경이 쓰이는 만큼 다른 일에 집중하기도 힘들다. 해야 할 일을 하지 않고 있으면 찝찝하기도 하다. 불안하기도 하고, 심한 경우에는 스트레스도 받는다. 이러한 나의 성향이 '오히려 내가 너무 강박적인가?' 싶을 때도 있다. 중요한 것은 정도의 문제이다. 일을 제때 하려는 욕구와 강박적으로 일을 쳐내려는 욕구, 그 중간 사이의 욕구가 적당하지 않을까 싶다. 나는 그 중간을 유지하려 노력한다.

여러분은 꼭 기한이 닥쳐야 하게 되는 습관이 있는가? 일의 마감기한이 다가올수록 초조해지고 불안해한 적은 없는가? 잘못된 습관이다. 마감 직전까지 불안해하며 스트레스를 받을 필요가 있을까?

세계적 투자자인 워런 버핏은 의사 결정을 할 때에는 굉장히 신중하지만 행동은 신속하게 옮기는 것으로 유명하다. 한 인터뷰에서 그는 이렇게 말했다.

"복잡한 문제에 대한 의사결정을 내릴 때는 최대한 신중해지지만 일단 결정한 사항은 최대한 빠르게 행동하려 한다. 이러한 행동은 스트레스를 감소시키고 중요한 문제를 더 확실히 알아볼 수 있게 해준다. 문제가 더 심각해지는 것을 방지한다."[7]

고민은 심각하게 하되, 행동은 신속하게 하자. '하지 않은 것' 때문에 굳이 스트레스를 받을 필요가 없다. 미루면 느끼게 되는 스트레스, 그건 굳이 받을 필요가 없는 것이다.

타인으로부터
신뢰감을 얻을 수 있다

일을 미루지 않고 바로 시작한다면 얻을 수 있는 좋은 점은 또 무엇이 있을까? 타인으로부터 높은 신뢰감을 얻을 수 있다는 점이다.

내 지인 중에는 S씨가 있다. 솔직히 말하면, 나는 S씨에게 큰 신뢰감을 가지고 있지 못하다. 그는 그가 해야 할 것들을, 그가 할 것이라 말하는 것들을 제때 하는 경우가 드물다. 대표적인 예가 '내야 할 돈'이다. 각종 세금, 벌금, 과태료, 보험료 등 내야 할 것들을 제때 내는 경우가 드물다. 그런 그의 모습을 보면 솔직히 이해가 안 된다. 돈이 없는 것도 아니다. '도대체 왜 내지 않고 미루는 걸까? 어차피 내야 할 것 제때 내면 좋지 않나?' 하는 생각이 차오른다. 그는 결국 기한을 어겨서 낸다. 당연히 연체료도 함께 낸다. 나는 그런 그에게 기본적으로 신뢰감을 가질 수 없다. 그렇게 사소한 것도 질질 끄는 사람에게 어떻게 큰일을 믿고 맡길 수 있겠는가?

당신 주위에도 S씨와 같은 사람이 있을지 모르겠다. 아니 어쩌면 당신이 그런 사람인지도 모르겠다. 만약 그렇다면, 솔직히 말하겠다. 해야 할 일이 있다면, 누군가에게 해줘야 할 일이 있다면 바로 하는 습관을 길러보자. 주저할 필요가 없는 상황이라면 바로 실행해주는 모습을 보여주자. 바로 실행하고 바로 시작하면 그 모습을 지켜보는 사람들은 당신에게 신뢰감을 느낀다.

캐나다 캘거리대학교 경영학부의 피어스 스틸 교수가 수행한 연구에 따르면, 미루지 않고 제때 하는 행동은 직장에서 주위 사람들에게 높은 신뢰도를 얻는 것과 큰 상관관계가 있는 것으로 나타났다. 미루지 않고 제시간에 일을 처리하는 사람들은 동료와 상사로부터 더 많은 신뢰를 받을 가능성이 그만큼 커진다는 의미다.[8]

이런 사례는 직장뿐만이 아니라 우리 일상에서도 쉽게 경험할 수 있다. 얼마 전 초등학생 딸아이의 성화에 못 이겨서 휴대폰을 사준 일이 있었다. 집 근처에 있는 한 대리점에 가서 휴대폰을 구입하면서 판매 매니저로부터 사은품으로 휴대폰 케이스를 받기로 약속받았다. 사실 난 '그 약속이 금방 지켜질까?' 하는 의구심이 있었다. 몇 번 안 좋았던 경험이 있기 때문이다. 휴대폰을 구입하면 곧바로 사은품을 보내줄 것처럼 말하던 판매업자들은 하나 같이 미뤘다. 심지어 한 달, 두 달을 질질 끌기도 했던 판매 업자도 있었다. 그 때문에 이번에도 그리 큰 기대를 하지 않았다. 그런데 의외였다. 이번에는 달랐다. 이 판매 매니저는 정말 곧바로 보내주었다. 앞으로 휴대폰을 구입할 일이 있으면 다시 그분을 찾게 될 것 같다. 신뢰감이 생겼기 때문이다.

이처럼 빠른 실행력을 보여주는 사람에게는 높은 신뢰감이 따라간다. 신뢰감을 얻을 수 있는 가장 좋은 방법 중 하나다. 응당 그것이 당연히 해줘야 하는 일이라도 말이다. 이 사례처럼 반드시 엄청난 일을 해주고, 큰 거래를 성사시켜 줘야지만 신뢰감이 생기는 것은 아니다. 작은 일이라도 바로 처리하는 모습을 보여주면 신뢰를 얻을 수 있다.

심리학자 로버트 치알디니는 그의 책《설득의 심리학(The psychology of persuasion)》에서 작은 약속의 중요성을 강조했다. 작은 일이라도 신속히 처리하는 모습을 보여줄 때 신뢰관계를 더 빨리 형성할 수 있다는 것이다. 약속을 지키는 것도 중요하지만 약속을 '빠르게' 지켜주는 것도 중요한 이유다. 당신이 신뢰를 얻고 싶은 누군가가 있다면, 그 사람과 약속을 한 후 빠르게 지켜주어라. 그 약속이 큰 약속이든 작은 약속이든 상관없다. 그런 행동이 몇 번 쌓이면 당신에 대한 상대의 신뢰는 금방 쌓인다.

당신은 그렇게 하고 있는가? 당신은 주위 사람들에게 신뢰감을 주고 있다고 생각하는가? 신뢰감을 주고 있지 못하다면 무엇 때문이라고 생각하는가?

주저하지 않는 모습, 할 일이 있을 때 바로 처리하는 모습은 생각보다 중요하다. 그런 모습은 주위 사람에게 분명 호감을 주며, 좋은 인상을 남기는 행동이다. 신뢰감까지 느끼게 할 수 있다. 해야 할 일이 있다면, 바로 하는 습관을 들이자. 더욱이 그 일이 누군가와 연결된 일이라면 미루지 말고 더 신경 써서 빨리 처리해주자. 당신에게 좋은 감정으로 돌아올 것이다.

자기 효능감을
높일 수 있다

일을 미루지 않고 제때 시작하고 제때 끝내는 경험을 반복하면, 자신감이 증가한다. 다른 일들에도 자신감이 전염된다. 나는 할 일이 있을 때 즉각 시작하고 생각보다 빨리 끝내면 '또 하나 할 일을 해치웠다'는 생각이 든다. 나는 주말 아침에는 일어나자마자 보통 커피를 마신다. 그리고 간단한 스트레칭을 한 뒤에 책상 앞에 앉아 집필 중인 책 원고를 한 꼭지 쓴다. 보통 40분에서 1시간이 걸리는데, 그렇게 한 꼭지를 완성하고 나면 뿌듯하다. 나의 시간과 노력으로 하나의 '결과물'이 생산되었다는 느낌이다. 그렇게 하나의 '일'을 끝냈다는 느낌이다.

이후에는 강아지와 함께 산책을 나간다. 우리 집에서 키우는 반려견은 일본이 고향이고 본래 사냥개였다고 전해지는 시바 이누다. 그래서 그런지 우리 집에 있는 물건들, 인형, 쓰레기, 의자 다리를 사냥한다. 사정없이 물어뜯는다. 인(人)정사정 없이 물어 뜯는다. 아니 견(犬)정사정 없이라고 말해야 할까? 시바 이누는 하루에 세 번, 한 번에 30분씩 산책을 꼬박꼬박 시켜줘야 한다고 한다. 참 손이 많이 가는 녀석이다. 반려견 산책은 나의 주말 숙제 중 하나다. 솔직히 나에게는 일거리에 가깝다.

그렇게 아침에 일어나 책의 한 꼭지를 쓰고, 반려견과 산책을 하고, 이후에는 주로 아르바이트를 하거나 딸아이를 학원, 필라 테스 수업에 데려다주고 데려오고를 반복한다. 그것이 나의 주말 보통의 일과이다. 하나하나 끝마쳐야 하는 일들로 구성되어 있다. "힘들지 않냐"고 누군가 물어볼 수 있다. 그리 힘들지는 않다. 그렇게 하나하나 일을 끝낼 때마다 뿌듯함, 보람감, 자기 유능감을 느끼기 때문이다. 그러는 동안 틈틈이 집 안에 청소기도 돌리고, 침대 정리도 하고, 설거지도 한다. 그런 경험들을 반복하면 자기 유능감이 올라갈 수밖에 없다. '내게 주어진 미션들을 하나하나 잘 수행해내고 있구나' 하는 느낌이다.

물론 대단한 일들은 아니다. 자기만족이다. 내가 만족하고 있다는 느낌이 중요하다. 이러한 과정을 반복함으로써 '나는 괜찮은 사람, 나는 능력 있는 사람'이라는 생각을 가질 수 있다. 회사에서 반드시 임원의 자리까지 오르고, 월급을 반드시 900만 원 이상씩 받고, 반드시 〈유퀴즈〉에 출연하고, 반드시 유튜브 구독자 수 100만 명을 달성해야 보람을 느낄 수 있는 것은 아니다. 이렇게 일상에서 해야 할 일들을 펑크내지 않고 제때 하나둘 해낸다면, 자기 효능감과 더불어 자신감을 얻을 수 있다. 반드시 큰 성공을 통해서만 얻을 수 있는 것은 아니다.

그날 하기로 마음먹었던 정원의 물주기, 분리수거 하기, 강아지 산책시키기, 설거지하기, 창문 닦기, 아이들과 자전거 타기, 강아지 목욕시키기 등을 해내는 것, 계획한 바를 제때 실행하는 것, 이것 모두가 일상 속 '작은 승리'들이다. 하기 싫어하는, 귀찮아하는 자신과의 싸움에서 이겨낸 승리다.

하버드 비즈니스 스쿨의 테레사 애머빌 교수가 수행한 연구에 따르면, 일상 속 작은 성취는 긍정적 정서와 긍정적 기대감을 증진시키는 데 중요한 역할을 하는 것으로 나타났다. 일상 속 작은 승리를 통해 느끼는 자신감과 유능감은 당신이 평소 다양한 일들을 제때 끝내면서 느끼는 뿌듯함과 보람감과 일치할 수 있다는 의미다.[9]

당신도 할 수 있다. 당신도 느낄 수 있다. 당신도 그렇게 해야 한다. 해야 할 일들, 하고 싶은 일들의 목록을 만들어보자. 자기 전에 내일 해야 할 일, 꼭 하고 싶은 일들을 기록해두자. 다음 날 그 시간이 되면 하자. 하나씩 쳐내고, 하나씩 해내자. 그렇게 하나씩 하다 보면 작은 희열을 느낄 수 있다. 그렇게 모인 작은 기쁨들은 당신이 나중에 더 큰일을 해낼 수 있는 힘을 길러준다.

잊지 말자. 일상 속 작은 성취감이 인생의 큰일을 하게 한다.

3장

시작에
도움을 주는
마인드

시작의 경험을
과소평가하지 마라

'어차피 못 끝낼 것 같은데 시작해서 뭐 하나. 하지 말자.'

'나중에 끝까지 할 수 있을 때 시작하자. 어차피 지금은 해봤자 안된다.'

이런 생각을 하며 시작조차 하지 않는 사람들이 있다. 물론 그런 마음은 이해가 간다. 시작해도 끝을 볼 수 있으리라는 확신이 없으니 아예 시작조차 하지 않는 마음. 그래도 그렇지가 않다. 시작이라도 하면 좋은 이유가 있다. 시작하는 것 자체가 중요하기 때문이다. 시작하는 것 자체가 하나의 경험이기 때문이다. 나중에 다시 그 일에 도전할 때 시작이라도 해봤던 사람과 시작도 하지 않았던 사람은 다르다.

7년 전에 뉴질랜드 이민을 진지하게 고려했던 적이 있다. 우리나라의 미세먼지, 비정상적 교육환경(?)이 주요 이유였다. 회사에서 일할 때 유학원을 알아봤다. 뉴질랜드 대학원에 입학하는 조건으로 비자를 받고 이민을 갈 수 있었다. 영어 시험을 준비하고 이력서도 제출했다. 최종 입학허가도 받았다. 가기만 하면 되었다. 그런데 막판에 마음이 흔들려서 결국 이민을 포기했다. 나중에 다시 이민을 결심하게 될 때가 올지도 모르겠다. 만약 다시 이민을 추진하게 된다면, 적어도 그 방법, 절차에 대해서는 이미 한번 준비해봤던 경험이 있기 때문에 두려움 자체가 크지 않을 것이다.

이처럼 끝을 맺지는 못했더라도, 끝까지 가보지는 못했더라도, 결과를 보지는 못했더라도 일단 시작했던 경험이 있다면 적어도 그 시작의 두려움으로 인해 발목이 잡히지는 않는다. 시작해봤던 경험이 있기 때문이다.

'시작 자체'의 경험이 중요하다. 세상에는 시작도 해보지 않는 사람들이 수두룩하다. 시작이라도 해본 사람과 시작조차도 해보지 않은 사람은 분명 차이가 있다. 시작을 해본 적이 있는 사람은 시작에 대한 두려움이 덜하다. 시작에 대한 두려움이 덜한 만큼 잘 시작할 수 있고, 그만큼 끝까지 해낼 수 있는 가능성이 높다. 단지 최종 결과로만 평가하지 말자. 시작의 경험 여부도 함께 따져보자. 시작은 그 자체로 위대한 경험이다.

시작의 경험이 없는 사람은 새로운 도전에 불안감을 느낀다. 자신의 능력을 과소평가할 가능성이 크다. 막상 해보면 할 만하다고 느낄 수 있는 일이지만 시작의 경험조차 없으니 그 가능성을 확인할 기회조차 없게 된다.

시작해본 경험이 없으면, 시작조차 점점 힘들어진다. 시작 단계부터 망설인다. '저번에도 시작하지 않았던 건데 이번에 할 수 있을까?'라는 생각이 들어 주저하게 되는 것이다. 시작하지 않는 것을 자신도 모르게 학습한 셈이다. 학습이란 것은 무섭다. 비슷한 상황에서 비슷한 반응을 자기도 모르게 하고 있으니 말이다. 시작의 경험을 과소평가하지 말자. 시작이라도 해보고 포기한 사람과 시작도 안 해보고 포기한 사람은 성공의 가능성이 다르다. 나중에 포기하더라도 일단 시작은 해보자. 시작도 하지 않고 포기부터 하지 말자.

질(質)도 양(量)에서
나온다는 점을 깨닫자

질(質, Quality)이 중요하다는 말을 많이 한다. 물론 맞는 말이다. 하지만 질도 양(量, Quantity)에서 나온다는 사실을 알고 있는 사람은 많지 않다. 일단 양이 많아야 한다. 많은 양 중에서 괜찮은 것, 만족할 만한 것, 질적으로 우수한 것이 나오는 것이다.

양을 어떻게 늘릴 수 있을까? 많은 시도와 경험이 그 방법이다. 화가는 많은 그림을 그리고, 작곡가는 많은 곡을 쓰고, 작가는 많은 글을 쓰고, 운동선수는 많은 훈련과 경기에 참여하고, 레

이싱 선수는 많은 운전과 시합에 나가고, 발레리나는 많은 무대에 오르며 많은 양을 쌓을 수 있다. 양이 쌓일수록 자신이 만족할 만한, 타인이 인정해줄 만한 양질의 결과가 탄생할 수 있다.

"양은 질에서 나온다"는 말을 하고 싶을 때 내가 꼭 예로 드는 인물이 있다. 파블로 피카소다. 피카소의 대표작은 〈게르니카(Guernica, 1937)〉〈아비뇽의 처녀들(Les Demoiselles d'Avignon, 1907)〉이다. 전 세계인이 사랑하고 기억하는 작품들은 어떻게 탄생하게 되었을까? 피카소는 그러한 명작을 탄생시키기 위해 몇 개의 작품들을 그렸던 것일까? 수십 개? 수백 개? 수천 개?

피카소는 평생 5만 점 이상의 작품을 남긴 것으로 알려져 있다. 회화뿐 아니라 조각, 도자기, 판화 등 그 형태도 다양하다. 14세 때 바르셀로나 미술학교에 입학하고 본격적으로 그림을 그리기 시작한 이래로 91세 나이까지, 정말 죽기 전까지 활발하게 작품 활동을 했다. 생을 마감하기 전까지 약 77년 동안 5만여 개의 작품을 남겼는데, 1년으로 치자면 649개의 작품, 하루에 약 1.78개의 작품을 생산해낸 셈이다. 아니 어떻게 하루에 두 개에 가까운 작품을 매일매일 만들어낼 수 있단 말인가? 그 꾸준함과 양에 경탄을 금치 못한다. 그 수많은 작품 속에 우리가 알고 있는 몇 개의 유명 작품들이 나왔다. 걸작(傑作)은 결코 소수(小數)에서 나오지 않는다. 걸작은 많은 양, 시도, 경험, 꾸준함에서 나온다는 사실을 잊지 말자.

이런 사례는 음악, 문학 등 다른 분야에서도 확인 가능하다.

요한 제바스티안 바흐는 바로크 시대 독일 작곡가이다. 누구나 한 번쯤 바흐라는 이름을 들어봤을 것이다. 그의 방대한 작품 수와 음악적 깊이는 오늘날까지도 고전 음악의 중요한 부분을 차지하고 있다. 생전에 그는 교회 음악, 세속 음악, 기악곡 등 다양한 장르의 음악을 1,000개 이상 작곡했다고 한다. 나는 바흐의 무반주 첼로 연주곡을 적극 추천한다.

스티븐 킹은 《샤이닝(The Shining)》《미저리(Misery)》 등을 쓴 베스트셀러 작가다. 그는 60편 이상의 장편 소설과 200편 이상의 단편 소설을 썼다. 매일 일정한 양의 글을 쓰는 습관을 가지고 있었다고 한다. 그렇게 꾸준히 글을 쓰며 많은 양의 생산물을 만들어냈다.

BTS(방탄소년단)의 첫 번째 히트곡은 2015년에 발표된 'I Need U'로 알려져 있다. 이 히트곡 이전에 BTS가 발표한 노래 수는 약 50여 개에 달한다. 2024년 현재까지 BTS가 발표한 모든 곡은 235곡 이상으로 알려져 있다.

우리가 열광하고 사랑하는 작품들은 결코 몇 개의 작품 속에서 나오지 않았다. 수십, 수백, 수천, 많게는 수만 개의 작품 속에서, 수많은 시도와 시작에서 나온 것임을 잊지 말자. 당신이 지금 무슨 일을 하고 있든 앞으로 어떤 일을 할 예정이든 꾸준한 시도는 성공의 필수다. 수많은 시도 속에서 당신만의 '걸작'이 탄생할 수 있음을 잊지 말자.

당신도 걸작을 만들어내길 원하는가? 당신도 많은 사람의 선택을 받기를 원하는가? 좋다. 그럼 일단 많이 시도하자. 최대한 많은 생산물을 만들자. 최대한 많은 시도를 하자. 그중에 당신도 예상하지 못했던 부분에서, 당신도 기대하지 않았던 곳에서 결과가 나올 수 있다.

꼭 가고 싶은 회사에만 집중적으로 입사지원을 하는 것도 좋지만 그곳을 포함한 다양한 회사에 입사지원을 해보자. 처음부터 마음에 드는 보고서를 쓰려고 하지 말고, 일단 보고서를 많이 써보자. 유명 작가를 꿈꾼다면 인터넷 소설 게시판에 최대한 많이 올려보자. 유명 웹툰 작가를 꿈꾼다면 인터넷 웹툰 게시판에 최대한 많이 올려보자. 단편도 상관없다. 그렇게 많은 시도와 실험을 해봄으로써 사람들이 좋아하는 것, 자신이 잘하는 것, 앞으로 나아가야 할 방향에 대한 힌트를 얻을 수 있다.

질은 질에서 나오지 않는다.
질은 많은 양과 시도에서 나온다.

해내는 것보다
해보는 것이 중요하다

　누구나 성공을 갈망한다. 누구나 성공을 원한다. 일부러 실패하는 사람은 없다. 당연한 말이지만 성공을 위해서는 끊임없는 노력과 도전이 필요하다. 우리는 익숙한 환경과 안정적인 삶에 편안함을 느낀다. 새로운 것을 시도하는 과정에서는 두려움과 불안감을 느낄 수밖에 없다. 진정한 성장을 위해서는 틀에 박힌 사고방식에서 벗어나 새로운 것을 시도하고 도전하는 용기는 필수다. 두려움에 굴하지 않는 '그럼에도 불구하고' 정신이 필요하다.

실패는 성공의 과정이다. 실패는 성공의 일부다. 성공이라는 큰 집합 속에 실패라는 작은 집합이 포함되어 있다. 실패를 한 번도 하지 않을 수는 없다. 따라서 실패로부터 배우고 발전하는 것이 중요하다. 실패는 우리에게 우리의 부족한 부분을 알려주고, 더 나은 방향으로 나아가도록 도와준다.

쉽게 해낼 수 있는 일만 한다면 우리는 아무것도 배우지 못하고 성장은 한계에 이를 것이다. 새로운 것에도, 어려워 보이는 것에도 도전해보며, 한계에 부딪혀보며 성장해갈 수 있다.

빈센트 반 고흐는 살아생전 자신의 그림을 거의 판매하지 못했다. 그의 작품이 진정한 가치를 인정받은 것은 그의 사후(死後)의 일이다. 그는 살아 있는 동안 극심한 빈곤과 우울증에 시달려야 했다. 그래도 그림을 포기하지 않았고, 자신만의 독창적 스타일을 개발하기 위해 끊임없이 새로운 것을 시도했다. 굵은 붓 터치와 생생한 색채를 사용하여 자신의 감정과 내면 세계를 작품에 반영했다. 자연의 풍경을 정확하게 묘사하기보다는 자신의 감정을 작품에 투사하여 특유의 분위기를 연출했다. 그 모든 것이 그에게는 하나의 새로운 시도였고, 도전이었다. 성공한다는 보장은 없었다. 해낸다는 확신도 없었다. 하지만 '한번 해본 것'이다. 그가 해보지 않았다면 어땠을까? 〈해바라기〉〈별이 빛나는 밤〉〈감자 먹는 사람들〉〈자화상〉〈밀밭의 까마귀〉 등 그가 남긴 수많은 명작을 우리는 볼 수 없었을 것이다.

해내는 것보다 해보는 것이 중요하다. 혹시 당신은 모든 일을 처음부터 해내려고 하는 사람인가? 그런 마인드라면, 어떤 새로운 일이든 쉽게 시작할 수 없다. 반드시 해내야 한다는 부담감이 작용하기 때문이다. '성공할지 아닐지는 모르지만 그래도 한번 해보자'라는 태도가 시작을 좀 더 쉽게 만든다. 더 많은 시작을 할 수 있어야 더 많은 도전을 할 수 있고, 더 많은 도전을 해야 더 많은 경험을 할 수 있다. 시도하지 않고, 경험하지 않고 어떻게 성공할 수 있을까? 시도와 경험은 성공의 과정이다. 실패한 시도나 경험은 없다. 시도와 경험은 언제나 그 자체로 성공이다.

해낼 수 있을 것 같은 일에만 도전하다 보면, 그만큼 성공의 범위는 좁아진다. 해내기 힘들어 보이지만 그래도 도전하다 보면, 그만큼 실패의 범위는 넓어지게 되겠지만 그만큼 성공의 범위도 넓어진다. 이제껏 기대하지 못했던 분야에서의 성공도 가능해진다. 해내는 것보다 해보는 것이 그래서 중요하다. 해보자. 해보면 어떤 일을 잘할 수 있고, 어떤 일이 당신에게 좀 더 어려운지 더 잘 파악할 수 있다.

미국의 과학자이자 발명가였던 에드윈 랜드는 이런 말을 남겼다.

"당신이 할 수 있는 것이 무엇인지 알고 싶으면, 한번 해봐라."

("If you want to know what you can do, do it.")

당신은 지금 무엇을 해보고 싶은가?

시작과 도전은
삶을 확장하는 열쇠다

'내가 지금 이걸 시작해서 될까? 성공한다는 보장이 있을까? 굉장히 어려울 것 같은데?'

이런 생각이 발목을 잡을 때가 있다. 물론 그럴 수 있다. 충분히 그럴 수 있다. 처음 해보는 일이라면 더더욱 그럴 것이다. 누구나 처음 하는 일을 앞두고는 떨리고, 긴장되고, 무섭고, 불안하다. 그래서 회피하고 싶어진다. 나도 그렇다. 그럴 때마다 이런 생각을 애써 한다.

'그래, 불안하고 긴장되는 게 당연하지. 근데 별것 아닐 것이다. 지금껏 그래왔듯 막상 해보면 별것 아닐 것이다. 좋은 결과를 얻을 수도 있다.'

실제로 그렇다. 하기 전에는 불안하고, 떨리고, 포기하고 싶어도, 막상 해보면 해볼 만했던 경우가 많다. 내가 특별히 용기가 많고 운이 좋고 실력이 좋아서가 아니다. 이는 생각해보면 누구나 마찬가지다. 면접시험을 앞두고 몹시 떨리고 긴장되지만 막상 해보니 해볼 만했던 경험, '말을 걸면 거절당할까?' 두려워서 포기할까 했지만 막상 말을 걸어보니 상대가 친절하게 대해주었던 경험, 이런 걸 물어보면 상대방이 자신을 무시할 것 같았지만 막상 용기 내 물어보니 좋은 질문이라며 칭찬받았던 경험, 방안의 구조를 변경하고 싶은데 차마 엄두가 나질 않았지만 막상 끝내고 나니 '하길 잘했네' 하고 뿌듯했던 경험, 이런 경험은 누구에게나 있다. 그런 경험을 떠올려보자. 새로운 시작을 앞두고 불안하고 도망치고 싶을 때 멘탈을 잡는 데 도움이 된다.

어떤 일이든 막상 해보면 생각보다 쉽게 풀리는 경우에 집중하자. 물론 반대의 경우도 있지만, 우리가 주목해야 할 것은 바로 이렇게 쉽게 풀리는 상황이다. 또, 이 과정에서 생각지도 못했던 도움을 받거나 예상치 못한 사람이 나에게 손을 내밀어준 경험은 누구나 있다. 이러한 도움은 우리가 시작하고 도전하지 않으면 결코 받을 수 없다.

내가 새로운 직장에 처음 입사했을 때도 그랬다. 낯선 환경에서의 첫 업무는 항상 긴장과 불안을 불러왔다. 그런데 생각해보면, 그때마다 도움을 주었던 동료들이 있었다. 그들은 내가 필요로 하는 정보를 알려주고, 실수를 이해해주며, 업무에 적응할 수 있도록 도와주었다. 이런 도움은 내가 먼저 용기를 내 시작하고, 내가 먼저 그들과 소통하고, 내가 배우려는 자세를 보였기에 가능했다. 만약 내가 주저하고, 시작조차 하지 않았다면 이러한 도움은 없었을 것이다.

이렇듯 도움이란 것도, 운이란 것도 결국 시작하고 도전하는 사람에게 주어지는 특혜다. 우리가 새로운 일을 시작할 때 두렵거나 불안한 것은 자연스러운 감정이다. 그 두려움에 갇혀 시작조차 하지 않는다면 우리는 아무런 도움도 받을 수 없다. 반대로 우리가 뭔가를 해본다면, 작은 한 걸음을 내디뎌 본다면 우리는 예상치 못한 곳에서 도움을 얻고 그것이 우리를 더 큰 성취로 이끌어준다.

그런 특혜를 포기하지 말자. 시작하고 도전하는 용기를 갖자. 그러한 용기는 우리 삶을 더 풍요롭고 의미 있게 만든다. 첫걸음을 내딛는 순간, 우리는 더 많은 기회를 얻을 수 있다. 기회는 스스로 만드는 것이다. 당당히 맞이하자.

용기와 리더십으로 전 세계인의 존경을 받았던 남아프리카 전(前) 대통령, 넬슨 만델라는 다음과 같은 말을 남겼다.

"용기란 두려움이 없는 것이 아니라 그것을 극복한 승리라는 것을 배웠다."

("I learned that courage was not the absence of fear, but the triumph over it.")

당신이 어떤 일을 앞두고 한 번도 해본 적 없는 일이라고 두려워하고 있다면, 너무 두려워하지 말자. 막상 해보면 별것 아니라는 생각이 드는 순간이 분명 있을 것이다. 그렇게 용기를 내보자. 그렇게 두려움을 극복해보자. 두려움을 아예 느끼지 않는 것이 용기가 아니다. 두려움이 있더라도 그것을 이겨내는 것이 용기임을 잊지 말자.

일단 시작해야
마음이 따라온다

　도무지 할 마음이 생기지 않을 때가 있다. 왜 해야 하는지 동기도 약하고 열심히 할 의욕도 없어서 아예 하고 싶지 않은, 시작하지 않는 상황이다. 그런데 정말 마음이 생겨야지만 움직일 수 있는 것일까? 그렇지 않다. 몸을 먼저 움직이면 마음도 따라온다. 일단 시작하는 행동이 중요한 이유다.

　흔히 감정이 행동을 유발한다고 생각한다. 예를 들어 '슬프다'는 감정을 느끼기 때문에 '운다'라는 행동을 한다는 것이다. 물론 맞는 말이다. 슬프니까 우는 것이다. 하지만 그 반대의 경우도 가능하다. 슬프지 않지만 일단 우는 행동을 하면 실제로 슬픈 감정이 올라올 수 있다. 마찬가지로 기쁘지 않지만 억지로라도 웃으면 기분이 좋아진다. 이렇듯 행동도 감정을 유발한다. 몸을 먼저 움직이면 감정과 마음을 따라오게 만들 수 있다. 이와 관련한 실제 연구도 있다.

심리학의 '제임스-랑게 이론(James-Lange Theory)'에 따르면, 신체적 반응이 감정을 유발한다고 한다. 우리가 외부의 어떤 자극을 인지하면 그에 따른 신체적 반응이 먼저 발생한 후 감정을 느낀다는 이야기다. 예를 들어 어두운 골목에서 낯선 사람을 마주쳤을 때 먼저 심장이 빨리 뛰기 시작하고, 손에 땀이 나며, 호흡이 빨라진다. 이러한 신체적 반응을 뇌가 인지한 후에 두려움이라는 감정을 느낀다는 것이다. 다소 어렵게 느껴질 수도 있지만 핵심은 이것이다.

'몸을 먼저 움직이면 감정도 마음도 따라온다.'

이 원리를 이용하면, 하기 싫은 일도 일단 시작하면 하고 싶은 마음이 생겨날 수 있다. 걷고 싶지 않던 길도 일단 걸으면 걷고 싶은 마음이 들 수 있다. 공부하기 싫은 수험서도 일단 첫 장을 펼치면 흥미가 생길 수 있고, 만나고 싶지 않았던 사람도 일단 만나보면 그런대로 괜찮을 수 있다. 마음은 그렇게 행동을 따라갈 수 있다.

이를 일상 속에서 활용해보자.

운동할 마음이 들지는 않지만 일단 운동화를 신어보는 것이다. 그리고 걸어보는 것이다. 시작하기 전까지는 마음이 움직이질 않았지만 일단 시작했다면 '아, 운동하니까 좋네' 하는 생각이 들 수 있다. 이를 반복하다 보면 더 오래, 더 규칙적으로 운동하고 싶은 마음이 따라올 수 있다. 공부를 할 마음이 들지는 않지만 일단 책상에 앉아 책을 펴보는 것이다. 마음이 먼저 움직이지는 않았지만 일단 시작하면 '그런대로 하게 되네' 하는 생각이 들 수 있다. 그러므로 시작할 마음이 도무지 생기지 않는 경우라면 이런 생각을 해보자.

'정말 하기 싫다. 하지만 일단 하고 나면 계속하고 싶은 마음이 생길 거야. 그 마음을 믿고 일단 시작해보자.'

한편으로 이런 생각도 해보자. 할 마음이 생기는 경우에만 시작한다면, 우리는 얼마나 많은 일을 시작할 수 있을까? 많지 않을 것이다. 일단은 시작해야 마음도 따라오는 것이고, 마음이 따라오면 행동에 가속도가 붙는다. 언젠가는 해야 할 일이라면 몸을 먼저 움직이자.

아무리 출근하기 싫은 월요일 아침이어도 일단 일어나서 샤워를 하고 신발을 신고 문을 나서면, 그래도 출근은 하게 된다. 출근을 하게 되면 이메일을 확인하고 그날의 할 일을 정리하게 된다. 그러면서 그렇게 출근하기 싫었던 마음도 점차 옅어지고 어느 순간 정신없이 일에 몰두하다 보면 점심시간이다. 그렇게 오후 미팅에 몇 번 참석하다 보면 퇴근 시간이다. 그렇게 일주일의 시작, 월요일이 끝난다.

그 어려운, 죽기보다 싫은 '월요일 출근'도 해내는 당신인데, 다른 일을 시작하지 못할 이유가 뭐가 있는가? 일단 하면 마음이 따라온다. 당신이 지금 하기 싫어서 미루고 있는 일은 무엇인가? 마음이 움직이지 않아 시작하지 못하고 있는가? 그럼 좋다. 지금 이 바로 움직일 때다. 그럼 마음이 따라온다. 움직이자.

'기한 없이' 하겠다는 말은
하지 않겠다는 말과 같다

아내는 이런 말을 종종 한다.

"언제 한번 날 잡아서 집 안 청소를 싹 해야지."

"언제 한번 날 잡아서 다녀와야지."

"언제 한번 날 잡아서 옷 정리 싹 한번 해야지."

나는 그런 말을 들을 때마다 속으로 생각한다.

'아, 한동안 안 하겠구나….'

실제로 겪어보면 그랬다. 아내뿐만이 아니다. 그렇게 말하는 사람들은 실제로 말한 대로 곧 하는 사람을 거의 보지 못했다. '언제 한번 날을 잡아서' 한다니 대체 언제 한다는 말인가? 정말로 할 의지가 있고 마음이 있다면 이렇게 말한다.

"이번 주말에 집 안 청소를 싹 해야지."
"다음 달 말까지는 꼭 다녀와야지."
"돌아오는 공휴일에 옷 정리를 끝내야지."

누군가 정확한 기한 없이 '하겠다', '해보자'라고 말하는 사람이 있다면 실현 가능성은 낮다고 봐도 좋다. 정말 의지가 있는 사람은 자신의 일정을 확인한 후에 기한을 함께 말한다.

그러므로 당신이 뭘 하고자 결심을 했다면, 기한부터 정하고 기한을 함께 말하는 습관을 들이자. 기한이 있는 다짐과 기한이 없는 다짐은 다르다. 스스로 정한 기한이라도 있으면, 더 신경 쓰게 되고, 더 집중하게 된다. 그런 만큼 성공할 가능성도 커진다.

적절한 기한 설정은 적당한 긴장감을 제공하여 집중력을 높여주는 효과도 있다. 마감일이 다가오면 더 집중하게 되는 것처럼, 목표 달성까지 남은 시간을 의식하며 집중력을 유지하고 방해 요소를 차단할 수 있다.

기한을 정했을 때 얻을 수 있는 심리적 이점을 좀 더 구체적으로 살펴보자.

첫 번째, 구체적 계획 수립이 가능해진다.

기한이 정해지면 목표를 이루기 위한 세부 계획을 세우기 쉽다. 단계별 목표를 설정하여 전체 목표 달성의 진행 상황을 점검할 수 있다. 예를 들어 10일 동안 10장의 페이지를 공부한다고 가정해보자. 5일이 지났다면 시간은 전체의 50%가 경과한 것이다. 그런데 3장밖에 공부를 못했다면 진도가 그만큼 나가지 못한 것이다. 기한을 정하면 진도율 측정이 가능해진다.

두 번째, 시간 관리의 효율성이 증가한다.

기한은 목표 달성을 위해 남은 시간을 효율적으로 관리하게 한다. 시간을 효과적으로 배분하여 목표에 더욱 집중하게 할 수 있다. 제한된 시간 속에서 주어진 시간, 노력, 자원을 우선순위에 쓰게 한다. 자연스러운 움직임이다.

세 번째, 심리적 압박감을 통해 일을 진행할 수 있다.

어쨌든 기한을 정해놓으면 시간은 간다. 점점 기한에 가까워질수록 정도의 차이는 있을지언정 사람이라면 심리적 압박을 받을 수밖에 없다. 이는 억지로라도 행동하게 하는 동기를 제공한다. 기한이 없으면 이러한 압박감도 느끼지 못한다. 압박감이 없으면 '세월아, 네월아' 하며 허송세월만 보낸다.

이러한 기한은 스스로 정하는 것도 좋지만 타인이나 환경에 의해 강제적 또는 반강제적으로 정해져도 좋다. 그래도 효과가 있다. 심리학자 댄 애리얼리와 경영학자 클라우스 베르텐브로흐가 실시한 연구에 따르면, 자율적으로 설정한 기한보다 외부에서 설정해준 기한이 있을 때 사람들이 더 높은 집중력을 발휘하고 제때 완료하는 경향이 있다고 한다. 이는 타인이나 외부 환경에 의해 정해진 마감 기한이라도 사람들에게 심리적 압박감을 주어 집중력을 높일 수 있다는 점을 보여준다.[10] 그러므로 스스로 기한을 잘 정하지 못하는 사람이거나 스스로 정한 기한에는 압박감을 잘 느끼지 못하는 사람이라면, 타인에게 기한을 정해 달라고 요청하거나 스스로 정한 기한을 타인에게 공표하는 것도 좋은 방법이다.

"나 이번 8월 말까지 3kg를 뺄 거야."

"나 올해 말까지는 자격증을 반드시 취득할 거야."

"다음 달 말까지는 원금에 이자까지 해서 꼭 갚을게."

다만 이는 초기의 방법이다. 초기에는 타인이나 환경에 의해 기한을 정하지만 나중에는 결국 스스로 기한을 정하는 연습을 해야 한다. 언제까지나 타인이 정해주는 기한에 의지할 수는 없기 때문이다. 스스로 기한을 정하고, 스스로 압박감을 느끼며, 스스로 기한을 지켜 해내는 습관을 길러야 한다. 그러한 루틴을 완성하자. 그것이 진정한 성공이고 어떤 일이든 더 오래 지속할 수 있는 힘이 된다.

끝매듭을 잘 지어야
새로운 시작도 잘할 수 있다

    해야 할 일이 있는데, 시작해야 할 일이 있는데 자꾸 다른 생각이 들어 지연될 때가 있다. 쉽게 말해 잡생각이 나서 집중하기가 어려운 상태인 것이다. 이러한 경우는 대부분 하나의 작업에서 새로운 작업으로 전환할 때 충분한 전환시간을 가지지 못했기 때문에 생겨난다. 예를 들어 친구들과 한참 수다를 떨다가 공부를 하려고 할 경우, 동료들과 어울려 점심을 먹은 후 곧바로 업무에 집중하려고 할 경우, 유튜브 영상을 시청하다가 바로 잠에 들려고 할 경우, 집중하기가 어렵다. 이런 경우가 새로운 작업으로의 전환 시 충분한 전환시간을 가지지 못하는 경우이다.

미국 워싱턴대학교 경영대학의 소피 리로이 교수가 소개한 '집중 잔여물(Attention Residue)'이라는 개념은, 한 작업을 종료하지 않고 다른 작업으로 전환할 때 이전 작업에 대한 주의나 생각이 완전히 사라지지 않고 남아 있는 상태를 의미한다. 그녀의 주장에 따르면, 우리가 새로운 작업에 주의와 집중을 온전히 쏟지 못하는 이유가 바로 이 '집중 잔여물' 때문이며, 이는 작업 전환이 빈번할수록 특히 이전 작업이 완료되지 않은 상태에서 전환할 경우 더욱 두드러진다고 한다.[11]

끝마쳐야 할 보고서가 있는데, 그 보고서를 다 끝마치지 못한 상태에서 회의에 참석할 경우 회의에 온전히 신경을 집중하기 어렵다. 보고서가 자꾸 생각이 나기 때문이다. 완전히 끝마치지 못한 일이 있는 상태에서 휴가를 갔을 때도 마찬가지다. 그 일이 머릿속에 남아 온전히 휴가를 즐기지 못한다. 불안한 마음에 회사 이메일을 열어보기도 하고, 동료에게 카톡으로 일의 진행 상황을 물어보기도 한다. 이쯤 되면 그냥 회사에서 일을 하는 것이

낫겠다는 생각이 들기도 한다. 휴가를 보내는 것도 아니고, 그렇다고 일을 하는 것도 아닌 찝찝한 상황이다.

이처럼 '집중 잔여물'은 새로운 작업에서의 수행 능력을 떨어뜨린다. 만약 당신이 새로운 일에 잘 집중하지 못한다거나 새로운 일의 시작에 어려움을 느끼고 있다면, 최근에 제대로 마무리하지 못한 일이 있는지, 미뤄둔 다른 할 일이 남아 있는 것은 아닌지 생각해보자. 의식적으로는 보고서 작성을 다 끝냈다고 생각하고 있지만 당신의 무의식에는 '아직 안 끝났다, 좀 더 확인할 것이 있다'는 생각이 남아 있을지 모른다.

인간관계에서도 당신은 옛 연인을 잊고 새로운 사람과의 새로운 만남을 잘 시작했다고 생각할지 모르지만 당신의 무의식에는 '옛 연인과 확실히 정리된 것이 아니다'라는 생각이 남아 있을 수 있다. 그런 경우에는 새로운 시작, 새로운 사람에 온전히 집중하기 어렵다. 그렇다면 집중 잔여물의 부작용을 최소화하는 방법에는 어떤 것이 있을까?

첫 번째, 각 작업을 확실히 끝내는 것이다.

즉 이전의 작업이 확실히 끝났음을 인식하는 것이 중요하다. 작업 목록을 만들어 완수할 때마다 체크를 하거나 간단한 종료 의식을 통해 자신에게 작업을 완전히 마무리했다는 확신을 주는 것이다.

나의 경우는 해야 할 일을 끝냈을 때 작업 목록에 취소선을 긋는다. 취소선을 그으면 그 일을 확실하게 끝냈다는 느낌을 가시적으로 느낄 수 있다. 하나의 일을 끝내는 나만의 의식이다. 단순히 '끝냈다'는 느낌만 갖는 것에서 나아가 눈으로 확인하는 것이다. 해야 했던 일을 끝내고 취소선을 그을 때면 일종의 보람, 짜릿함, 홀가분함도 느낄 수 있다. 그러한 행동을 통해 나의 집중은 새로운 일로 더 원활히 나아갈 수 있다. 당신도 하나의 일을 끝냈을 때는 그 끝냈다는 느낌을 단순히 느낌이 아닌 자신만의 가시적 행동이나 자신만의 의식으로 확인해보자.

두 번째, 짧은 휴식과 재충전이다.

기존의 활동을 끝내고 새로운 활동을 시작하기 전 짧은 휴식은 중요하다. 이것만으로도 뇌가 리프레시되는 효과가 있어서 원활한 시작을 할 수 있다. 이는 새로운 활동에 대한 집중력과 작업 효율성을 높이는 역할을 한다. 예를 들어 컴퓨터 화면에서 잠시 눈을 떼고 창밖을 바라보거나, 간단한 스트레칭을 하거나, 물 한 잔을 마시는 잠깐의 행동도 효과가 있다. 이런 행동을 통해 우리의 뇌에게 '이제 다른 일로 넘어갈 것이다. 기존의 일은 잊자'라는 메시지를 주는 효과가 있다.

새로운 일을 시작할 때 자꾸 딴생각이 드는가? 집중하기가 어려운가? 그 전에 끝마치지 못한 작업이 있다는 생각이 원인일 수 있다. 그러므로 이전의 일을 확실히 끝냈다는 자신만의 의식을 치르자. 짧지만 충분한 휴식도 챙기자. 이러한 의식과 휴식은 당신이 새로운 일을 시작하고 그것에 전념하는 데 도움을 준다.

시작의 방해꾼,
부정적 생각을 지우는 법

어떤 일을 시작하려고 할 때 자꾸만 부정적인 생각이 끼어들어 시작을 미루게 될 수 있다.

'이 일을 시작하면 금방 싫증 날 것 같은데, 언제까지 이 일을 해야 하는 거지?'
'이 일을 하면 다른 사람들이 나를 어떻게 볼까?'

이런 생각이 들며 시작을 미루고 피하게 되는 경우다. 이러면서 하루가 이틀이 되고, 이틀은 일주일, 금세 한 달이 되어간다. 시간이 훌쩍 지나갔다는 것을 깨닫고 다시 시작해보고자 하지만 쉽지 않다. 다람쥐가 쳇바퀴를 돌 듯 매일 그 자리에 있는 것만 같다.

이렇게 일을 시작하려고 할 때 이를 방해하는 부정적 생각들엔 주로 어떤 것들이 있을까?

첫 번째, 예상되는 지루함이다.

해봤자 금방 지루해질 것이 뻔하면 미루고 싶어진다. 예를 들어 수험공부 준비를 한다고 치자. 계획을 짜다 보면 앞으로 펼쳐질 생활이 예상된다. 독서실에 처박혀 공부만 하고, 친구들은 잘 만나지도 못해서 인간관계의 폭이 축소되고, 하고 싶은 것은 다 참아야 하는 따분하고 지루한 생활이 떠오른다. 그런 생각이 들면 벌써부터 하기가 싫다. 시작할 마음이 나질 않는다. '조금만 더, 조금만 더 있다가 하자'라는 생각으로 시작을 미루게 된다. 이처럼 장기간 지속되는 노력이 필요한 경우, 단조롭고 지루한 과정을 떠올리며 시작을 주저하게 될 수 있다. 그런데 생각해보자. 지루함은 우리가 성장하는 과정에서 필수적으로 겪어야 하는 부분이다.

지루함을 느낀다면, 다양한 학습 방법을 활용하여 흥미를 스스로 만들어보자. 수험생활을 하며 혼자서 지내는 시간이 많아 지루하다면 다른 방법도 병행해볼 수 있다. 책을 읽는 것 외에도 영상 강의를 시청하거나, 오프라인 강좌를 수강하거나, 스터디 그룹을 만들어 함께 동기 부여를 주고받는 수험생활을 이어 나가는 방법 등이 있다. 나는 러닝머신에서 빨리 걷기를 할 때 유튜브 영상이나 TV 시청을 한다. 그렇게 하면 30분 동안 걷는 시간이 그렇게 지루하지 않게 느껴진다.

두 번째, 타인의 시선을 과도하게 의식하는 것이다.

'이 일을 실패하면 사람들이 나를 어떻게 볼까?' 하는 생각 때문에 시작부터 주저할 수도 있다. 물론 그런 마음이 이해는 간다. 그런데 생각해보자. 내 인생을 사는 데 타인의 시선이 얼마나 중요할까? 사실 타인은 당신에 대해 당신이 생각하는 것만큼 큰 관심은 없다. 당신은 당신이니까 당신에 대해 큰 관심을 갖겠지만 타인은 그 시간에 자기 자신에 대해 신경 쓴다. 더욱이 뭐라도 해보려고 하는 당신을 더 좋게 보면 좋게 보지, 시작하지 못하고 망설이고만 있는 당신을 좋게 보지는 않는다. 뭐라도 해보려고 애쓰는 당신을 안 좋게 보는 사람이 있다면? 그건 그 사람이 이상한 것이다. 정말 신경 쓸 필요가 없는 사람이다.

어떤 일을 시작하려 할 때 이러한 부정적 생각들 때문에 주저할 수 있다. 중요한 것은 그러한 부정적 생각이 처음부터 떠오르지 않는 것이 아니라 그러한 부정적 생각이 들었을 때 "그것을 어떻게 받아들이고, 그것에 어떻게 반응하느냐"이다.

미국의 목사이자 작가인 찰스 스윈돌은 다음과 같이 말했다.

"삶의 10%는 우리에게 발생하는 일이고, 90%는 그 일에 어떻게 반응하는가에 달려 있다."

("Life is 10% what happens to us and 90% how we react to it.")

부정적 생각이 없이 일을 시작하기는 어렵다. 대신 부정적 생각을 어떻게 다루며 시작할지를 고민하고 실천하자. 그것이 현명한 판단이고 시작의 첫걸음이다.

4장

시작에
도움을 주는
행동

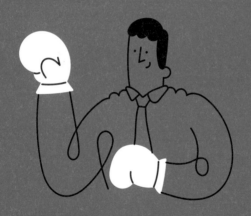

위대한 시작은
책상 정리에서 시작

나폴레온 힐은 다음과 같이 말했다.

"당신이 대단한 것을 할 수 없다면, 사소한 것을 대단한 방법으로 해보라."

("If you cannot do great things, do small things in a great way.")

어떤 것을 시작하고 싶은데 엄두가 잘 나질 않을 때가 있다. 해본 적이 없는 일일 수도 있고, 해본 적이 있기는 하지만 잘 안

됐던 경험이 있기 때문에 두려울 수 있다. 두려움은 없지만 귀찮을 수도 있고, 막막하게 느껴질 수도 있다. 이러한 이유들로 시작 자체가 엄두가 나지 않을 수 있다. 그럴 땐 작은 것부터 시작해보자. 사소한 일, 작은 일부터 시작해보는 것이다.

나는 하루를 시작할 때 '침대 정리'부터 한다. 일어난 자리에 있는 이불을 가지런히 펴놓는다. 그러면서 나의 마음도 정리가 되는 것 같다. 하루의 시작을 정리된 느낌으로 체감(體感)할 수 있다. 말 그대로 하루의 정돈된 시작을 온몸으로 느끼는 것이다.

책상 정리도 좋은 방법이다. 책상을 정리하면서 마음을 정리할 수 있다. 말끔한 책상은 정신적 상태에 긍정적 영향을 미친다. 책상이 깔끔하고 체계적일 때 집중력이 높아지고 스트레스가 줄어든다. 책상이 어지러우면 주의가 자꾸 산만해진다. 마음이 혼란스러워지고, 일의 진행이 방해를 받는 느낌이다. 책상 정리는 우리가 더 효율적으로 일할 수 있도록 돕는 중요한 첫걸음이 될 수 있다.

설거지도 그런 느낌을 준다. 별것 아니지만 설거지를 하고 나면 뭔가 해냈다는 뿌듯함을 느낀다. 작은 일이라도 뭔가를 해 냈다는 성취감은 자신감을 길러주고, 다음에 더 큰일을 할 수 있 는 원동력이 된다.

하버드 비즈니스 스쿨의 테레사 애머빌 교수는 직장에서의 작은 진전이 직원의 기분과 동기 부여에 미치는 영향을 연구하 였다. 연구 결과에 따르면, 일상의 작은 성취가 긍정적 감정을 유발하고, 이는 일터에서의 동기 부여와 생산성을 높이는 것으 로 나타났다.[12]

할 수 있는 것이 아무것도 없다고 느껴지는가? 시작은 해야 하는데 막막하게만 느껴지는가? 시작은 해야 하는데 어디서부 터 뭘 시작해야 할지 모르겠는가? 그럴 땐 잠자리를 정리해보자. 책상을 정리해보자. 또, 컴퓨터 바탕화면도 정리해보자. 휴대폰 앱도 정리해보자. 비슷한 앱끼리는 폴더를 만들어 모아두고, 잘 사용하지 않는 앱은 과감히 삭제하자. 그러면 뭔가 정리된 것 같 은 시원한 느낌이 들며 새로운 시작을 받아들일 마음이 된다.

양치를 하는 것도 마찬가지다. 양치를 하고 나면 뭔가 새로워진 느낌이 든다. 양치를 그냥 하는 것이라고 생각하지 말고 양치질도 '해내는 것'이라고 생각해보자. 양치질을 하는 것이 아니라 '해내는 것', 아침밥을 먹는 것이 아니라 아침밥을 '먹어내는 것', 아침 출근길에 책 다섯 장을 읽는 것이 아니라 '읽어내는 것', 오늘 있었던 일 중 가장 기억에 남는 한 가지 일을 기록하는 것이 아닌 '기록해내는 것', 이렇듯 자신의 소소한 일과를 하나의 성과로 전환해보려는 시도는 좋다.

이러한 작은 시도가 습관화되면 당신의 일상은 시작하는 하루, 해내는 하루, 성장하는 하루가 된다. 그런 만큼 더 많은 성취감을 느낄 수 있고, 더 커진 성취감은 당신이 더 큰일에 도전할 수 있도록 용기를 준다. 그렇게 일상 속 자신감을 충전해 나가자.

시작의 가장 어려운 구간
'안방에서 현관까지'

누군가 말했다.

"운동에서 가장 힘든 구간은 안방에서 현관문까지 가는 것이
다."

그렇다. 아무리 먼 길이라도, 아무리 힘든 운동이라도 가장
어려운 순간은 시작의 순간이다. 안방에서 현관문까지만 걸어
나가기만 하면 되는데, 그게 그렇게 어려울 때가 있다. 현관문을

열고 나가기만 하면 그날 계획했던 대로 일과를 수행해낼 수 있는데도 말이다. 시작의 문턱을 넘는 것은 중요하다.

우리 삶도 마찬가지다. 시작을 앞두고 어려운 목표와 현실에 압도당하고 주눅이 들기도 한다. 그런 의미에서 첫걸음을 내딛는 것이 가장 큰 장애물일 수 있다. 운동을 예로 들면, 매일 아침 침대에서 일어나기, 운동복을 챙겨 입기, 현관문을 열고 나가기. 이 작은 시작의 행동들이 큰 변화를 만들어낸다.

현관문을 넘어서기만 하면, 시작의 문턱을 넘어서기만 하면, 나머지는 비교적 쉽게 따라온다.

생각해보자. 에베레스트 산을 오르기 위해 가장 먼저 해야 할 일은 무엇일까? 신발 끈을 단단히 묶는 것이다. 거대한 빌딩을 짓기 위해 가장 먼저 해야 할 일은 무엇일까? 지도를 펼쳐 적당한 땅을 찾아봐야 한다. 큰 도전은 언제나 작은 시작에서 비롯된다. 신발을 신는 순간, 이미 절반은 성공한 것이다. 지도를 펼쳐보는 것만으로도 시작한 것이다. 그렇게 준비를 마치고 밖으로 나서는 그 순간, 우리는 변화의 길 위에 서 있다.

어떻게든 '시작의 순간'만 버텨내자. 작은 시작이라도 해보자. 중요한 것은 첫걸음을 내딛는 의지다. 처음부터 거창한 의지는 필요 없다. 그저 시작하기 위한 의지, 현관문까지만 걸어 나가는 의지, 신발 끈을 묶는 의지만 있으면 된다. 그 순간을 버텨내고, 문을 열 수만 있다면, 어떤 시작도, 웬만한 시작은 시작할 수 있다.

여러분도 뭔가 해야 할 일을 앞두고 있다면, 그런데 좀처럼 엄두가 나질 않는다면, 일단은 '시작의 구간'을 지나가는 것을 목표로 삼자. 그러면 그다음으로 갈 수 있다. 처음부터 큰 목표를 잡지 말자. 시작의 구간만 지나면, 힘이 덜 든다. 가속도가 붙기 때문이다. 차도 처음에 출발할 때는 속도가 잘 붙지 않는다. 일정한 속도에 올라서면 속도가 쉽게 달라붙는다.

차 엔진이 작동하는 데는 RPM(엔진의 1분당 회전수)과 토크(Torque, 엔진의 회전력)가 중요하다. RPM은 엔진이 1분당 돌아가는 회전수이다. 1,000rpm은 엔진이 1분당 1,000번 돌아가는 것을 의미한다. 토크는 엔진이 돌면서 발생하는 회전력이다. 차는 이 회전력으로 움직인다. 차가 처음 출발할 때는 속도가 잘 붙지 않는다. 엔진이 처음 돌아가는 회전수, 즉 RPM이 낮기 때문이다. RPM이 낮기 때문에 회전력도 낮다. 이 상태에서는 가속 페달을 밟아도 속도가 잘 붙지 않는다. 하지만 일정한 속도에 올라서면 조금만 가속 페달을 밟아도 속도가 잘 붙는다. 회전력이 이미 상당한 수준에 올라와 있기 때문이다. 어떤 일의 시작을 앞둔 당신도 마찬가지다. 결심을 하고, 몸을 움직이고 실행한 그 순간에는 에너지가 많이 든다. 마음의 RPM이 낮기 때문이다. 마음의 RPM이 낮기 때문에 마음의 회전력도 낮다. 뭘 해도 성과가 잘 나지 않는 것처럼 느껴지는 '마(魔)의 구간'인 것이다.

그런데 그 구간만 잘 견뎌내면 된다. 그다음부터는 더 적은 노력으로도 목표를 향해 좀 더 수월하게 다가간다. 마음의 RPM이 1,000, 2,000, 3,000을 넘어 마음의 회전력이 커지고, 실행에 가속도가 붙기 때문이다. 시작의 구간만 잘 버텨내면 목표까지 다가갈 가능성이 커지는 이유다.

모든 일이 그렇다. 시험공부를 위해 방문을 열고 현관, 엘리베이터까지 나가는 구간, 출근을 위해 방문을 열고 현관, 엘리베이터까지 나가는 구간, 면접시험을 위해 방문을 열고 현관, 엘리베이터까지 걸어 나가는 구간, 그 구간을 해낼 수 있다면 절반은 성공이다. 정말 하기 싫은 일, 엄두가 잘 나지 않는 일이 있다면 일단은 목표를 현관까지 걸어 나가는 것으로 하자.

그리고 현관문 앞에서 문을 열고 나갈 수 있다면, 엘리베이터 버튼을 누를 수 있고, 엘리베이터 버튼을 누를 수 있다면 1층까지 내려갈 수 있다. 1층까지 내려갔다면 축하한다. 당신은 가장 어려운 구간을 통과했다. 이제 여러분이 계획했던 대로 그다음 단계로 가자. 그렇게 목표로 가보자.

66일을
버틸 수 있다면

시작을 가로막는 또 다른 심리적 요인은 부담감이다. 예전에는 해보지 않았던 새로운 시도라면 더 어려울 수 있다. 시작하는 데 큰 노력, 에너지, 시간, 준비 동작 등이 필요하다. 그래서 이럴 때는 습관이 필요하다. 새로운 시도를 하는 것이 습관이 된다면 보다 적은 노력, 에너지, 시간을 들이고 시작할 수 있기 때문이다. 습관은 새로운 도전을 하는 데 있어 가장 효율적인 방식이다.

습관으로 만들기까지가 힘들어서 그렇지 일단 습관이 되면 편하다. 습관이 되면 커다란 노력을 들이지 않고서 쉽게 해낼 수 있다. 습관이란 무서운 것이다. 예를 들어 남자가 입대 후 가장 힘들어하는 것 중 하나가 기상 시간이다. 군대에서의 아침 기상 시간은 보통 오전 6시 30분이다. 대부분 입대 전에는 기상 시간이 불규칙하다. 제약이 없기 때문이다. 그러다 군대에 가면 어김없이 6시 30분에 일어나야 한다. 이것이 처음엔 고역(苦役)이다. 아침 기상 나팔 소리를 들으며 눈뜰 때 '집이면 푹 더 잤을 텐데' 하는 생각이 든다. 처음 두 달이 가장 힘들다. 그 이후에는 눈이 절로 떠진다. 재미있는 것은 휴가를 나갔을 때도 그 시간에 눈이 절로 떠진다는 것이다. 다시 잠을 청해봐도 잠이 잘 오질 않는다. 습관이 되었기 때문이다.

습관을 들이려면 어떻게 해야 할까? 지속하고 반복하는 수밖에 없다. 포기하지 않고 꾸준히 반복하는 것이다. 새로운 습관 형성을 위해서 새로운 행동을 꾸준히 반복하는 것밖에 없다. 그럼 얼마나 해야 할까? 물론 개인의 성격, 상황, 난이도 등 다양한 변수에 따라 다르다. 영국 서리대학교 필리파 랠리 박사 팀이 진

행한 연구에 따르면 하나의 새로운 습관이 형성되기까지 평균 66일이 걸린다고 한다.[13]

66일. 두 달이 조금 넘는 시간이다. 짧다면 짧고, 길다면 긴 시간이다. 어찌 되었건, 여러분이 새로운 시작을 하고 싶고, 그 것을 습관으로 만들고 싶다면 견뎌내야 하는 기간이다. 새로운 습관을 들이기 위해서는 적어도 두 달 정도의 시간을 투자하자. 66일만 버텨내보자. 습관이 되면, 적은 노력과 에너지로 지속할 수 있다. 66일 동안 새로운 습관 만들기 프로젝트를 성공시키기 위한 몇 가지를 팁을 소개한다.

첫 번째, 작은 시작을 하는 것이다.

처음부터 너무 큰 목표를 설정하지 말자. 작은 목표부터 시 작하자. '매일 운동하기'라는 큰 목표를 세운다고 한다면, '매일 아침 5분씩 걷기'로 행동을 세분화하자. '매일 아침 하루에 1시간 씩 뛰고 오겠다. 매일 퇴근 후 피트니스 센터에서 1시간 반 동안 운동을 하겠다'와 같은 생각은 처음엔 금물이다. 목표가 너무 크면 시작 자체가 엄두가 나지 않는다. '매일 1시간 뛰기'를 목표로 했을 때 비가 온다면, '이 날씨에 1시간을 어떻게 뛰고 와? 오늘은 건너뛰자'라고 생각하기 쉽다. 반면, '매일 5분 걷기'를 목표로 했을 때는 '비가 오긴 하지만 5분만 걷고 오지, 뭐'라는 생각으로 빼먹지 않을 가능성이 커진다. 이렇게 작은 목표는 시작의 허들을 낮춘다. 습관형성 초기 단계에서는 '습관을 만들어 나가는 것' 자체가 중요한 것이지, 크게 시작하는 것은 중요하지 않다. 처음부터 크게 시작하는 것은 오히려 독이다.

두 번째, 자기 보상 시스템을 만드는 것이다.

전에 나는 아침 기상 후에 글 쓰는 습관을 만들고 싶었다. 물론 매일 아침 6시에 눈을 뜨는 것부터 쉬운 일이 아니었다. 눈을 뜬다 해도 비몽사몽이었다. 그런데 습관이 되니 쉽게 잠에서 깨고, 쉽게 글이 써졌다. 어떻게 할 수 있었을까? 나에게 보상을 주는 것이 효과가 있었다. 아침에 일어나서 맛있는 빵에 따뜻한 커피를 먹는 것으로 하루를 시작했다. 전날 밤에 '지금은 배가 좀 출출하지만 내일 아침에 일어나면 빵과 커피를 먹을 수 있다'

하는 기대감이 생겼다. 이런 생각으로 잠을 청하고 다음 날 6시에 눈을 뜬다. 자신에게 줄 보상을 기대하니 일어나는 것이 좀 더 쉬웠다(배가 고프기도 했고). 이렇게 자신이 좋아하는 것을 자신에게 주는 행동은 새로운 습관을 만드는 데 도움이 된다. 누구나 좋아하는 것이 있지 않은가?

66일 동안 그 보상을 매일 자신에게 주자. 66일 후 보상은 너무 멀게 느껴져서 의미가 와닿지 않는다. 목표로 한 행동을 수행했다면 기분 좋게 보상을 갖자. 디저트 먹기나 게임하기도 좋다. 새로운 습관을 형성해 나가는 66일 동안 당신이 좋아하는 그것을 당신에게 매일 주자. 당신은 그럴 만한 자격이 있다.

노력의 과정에
타인 끌어들이기

#오운완 #피트니스 #헬스장

최근 SNS에서 가장 많이 볼 수 있는 해시태그 중 하나이다. 오운완. 무슨 뜻일까? 처음에는 사람 이름인 줄 알았다. 알고 보니 '오늘 운동 완료'의 줄임말로, 운동을 마친 후 그 기록을 소셜 미디어에 공유하는 것이었다. 건강과 운동에 대한 관심이 증가하며 많은 사람들이 운동을 일상의 일부로 받아들이고 있다. 이러한 배경에서 운동의 성취감을 공유하는 트렌드가 생겨나고 꾸

준히 유행하고 있다. 방법은 간단하다. 운동을 마친 후 '#오운완'
이라는 해시태그를 이용해 사진이나 동영상을 SNS에 공유한다.
이를 통해서 내가 오늘 목표로 한 운동을 해냈다는 사실을 가시
화할 수 있고, 운동을 지속하고 싶은 동기도 강해지며, 타인에게
자랑하고 싶은 욕구도 채울 수 있다.

운동의 목적이 자신만을 위한 목적에서 타인에게 보여주고
싶은 욕구 충족의 수단으로 옮겨가고 있다. 이는 자신의 목표와
목표를 달성해 나가는 과정을 남들과 공유하는 것이다. 목표 달
성의 과정에 타인을 끌어오는 것이다. 이렇게 자신의 과정에 타
인을 끌어오면 어떤 심리적 장점이 있을까?

첫 번째, 앞서 말한 것처럼, 타인으로부터 긍정적 평가를 받
길 원하는 자신의 욕구를 충족시킬 수 있다.

심리학의 '자아 증진 이론(Self-Enhancement Theory)'은 우리가
우리 자신을 긍정적으로 평가하려는 경향이 있다고 주장하는 이
론이다. 이 이론을 적용해본다면, 운동을 통해 신체적 능력과 외

모 수준을 높이고, 이를 SNS에 공유함으로써 타인의 긍정적 평가를 얻고자 하는 강한 동기가 작용하고 있음을 알 수 있다. 유튜브, 쇼츠, 인스타그램 등이 이러한 자아 증진 욕구의 충족을 위한 도구와 플랫폼이 될 수 있는 것이다. 사람들의 '좋아요'나 댓글을 통해 자신의 운동 성과를 인정받고, 자신감을 높이는 긍정적 자아 증진을 경험할 수 있다.

두 번째, 쉽게 포기할 수 없게 된다.

SNS에 자신의 목표를 공표하고 그 실천과정을 공유하면 사회적 압박과 의무감이 생긴다. 이미 시작한 일을 포기하기 어렵게 만드는 효과가 있다. 다른 사람들이 자신의 성과를 지켜보고 있다는 느낌을 받는데 어찌 쉽게 포기할 수 있겠는가? 특정 다수 또는 불특정 다수에게 실망을 주지 않으려는 압박감으로 인해 쉽게 포기할 수 없게 된다. 동시에 타인들로부터 지원과 공감을 받는 효과도 있다.

이러한 '오운완'의 작동원리를 당신이 하고 싶은 일에도, 당신이 시작한 일에도 활용해보면 어떨까? 예를 들어 앞으로 9개월 동안 자격증 시험공부에 전념한다고 치자. 그날의 공부 분량을 끝내고 간단히 사진이나 영상을 찍어 SNS에 올리는 것이다. 해시태그는 '#오공완'이다. '오늘 공부 완료'의 줄임말이다. 공부가 될 수도 있고, 운동이 될 수도 있고, 작업이 될 수도 있고, 업무가 될 수도 있다. 핵심은 자신의 노력 과정을 매일 SNS를 통해 기록하고, 사람들에게 알리는 것이다. 혼자서만 노력할 때보다는 더 재미있고 책임감 있게 그 과정을 소화해낼 수 있다. 결과가 목적이 아니라 과정이 목적이 될 수도 있는 것이다.

심리학에는 '호손 효과(Hawthorne Effect)'라는 개념이 있다. 실험의 참여자들이 자신이 연구 대상이라는 사실을 알게 되면 그들의 행동에 변화가 발생하는 현상을 말한다. 의식적으로 자신의 행동이나 태도에 주의를 기울이게 되기 때문이다. 연구 대상자들은 자신이 관찰되고 있다는 느낌 때문에 연구 목적에 부합하거나 긍정적 행동을 취하려고 할 수 있는 것이다.

이처럼 우리는 누군가 우리를 지켜보고 있다는 느낌이 들면 긍정적으로 반응할 가능성이 크다. 당신이 무언가를 시작했고, 포기하고 싶지 않다면 그 과정을 타인에게 보여주는 것은 어떨까? 단톡방을 활용해도 좋고, SNS를 활용해도 좋다. 정기적으로 만남을 가지면서 진행상황을 서로 공유하는 모임도 좋다. 오프라인, 온라인 상관없다. 혼자가 아니라는 느낌, 누군가 지켜보고 있다는 느낌만 받을 수 있다면 뭐든 좋다.

포기하고 싶지 않다면 그 과정을 누군가와 나누어보자.

해버리는 것으로
고민을 키우지 않는다

전화 한 통을 두고도 '할까 말까' 고민되는 순간이 있다.

'전화를 해서 물어볼까? 말까? 괜히 전화했다가 뭐 이런 걸로 전화했냐고 상대가 짜증내는 건 아닐까? 상대방은 굳이 내가 전화까지 할 필요는 없었다고 생각할까? 내가 전화했는데 안 받으면 어쩌지? 내 전화를 혹시 일부러 안 받는 거면 어쩌지? 바빠서 못 받았다면 부재중 전화를 확인하고 내게 나중에 전화를 해줄까? 근데 그때 내가 또 못 받으면 어쩌지?'

실제로 나도 종종 하는 고민이다. 이럴 땐 어떻게 하면 좋을까? 내가 내린 결론은 간단하다. '그냥 하는 것'이다. 고민은 더 큰 고민을 낳을 뿐이다. 한번 고민하기 시작하면 한도 끝도 없다. 답이 없는 고민은 시작하지 않는 것이 현명하다. 그냥 해버림으로 고민을 키우지 않는다. 고민되는 것을 해버림으로써 만족할 수도, 후회할 수도 있다. 중요한 것은 '더 이상 고민하지 않아도 된다'는 점이다.

사소한 고민을 자주 하는 사람, 한번 고민을 시작하면 고민에 고민 꼬리를 무는 사람이 가지고 있는 심리적 특징이 있다. 불확실한 상황을 잘 못 견디는 것이다. 불확실한 상황이 부정적 상황으로 전개되는 것에 대한 두려움이 크다. 앞의 사례를 예로 들면 '괜히 전화해서 상대방으로부터 핀잔만 들으면 어떡하지? 군이 이런 거로 전화했냐며 나를 다그치면 어쩌지?'와 같은 생각들이 점점 커지는 것이다. 그렇게 자신에게 닥쳐올 부정적 상황을 겁내며 이러지도 못하고 저러지도 못하고 고민만 하게 되는 경우다.

아이오와주립대학교 심리학과 크레이그 앤더슨 교수가 실시한 연구에 따르면, 불확실한 결과가 예상될 때 사람들은 결정을 미루는 경향이 강해지는 것으로 나타났다. 그는 이 이유가 불확실한 상황에서 잘못된 결정을 내릴 위험을 피하고자 하는 심리적 기제에서 비롯된다고 설명하였다.[14]

물론 이해는 간다. 불확실한 상황을 앞두고 고민이 될 수 있다. 하는 것이 나을지, 하지 않는 것이 나을지 고민되는 순간은 분명히 있다. 그럴 때는 앞서 이야기해왔듯이 그냥 눈 딱 감고 해버리는 것도 방법이다. 결과가 어떻든 적어도 더 이상의 고민은 하지 않아도 된다. 고민을 끝낼 수 있다. 미련 없이 다른 일에 몰두할 수 있다.

고민되는 순간엔 이처럼 행동을 먼저 해버리자. 몸이 먼저 움직이면 생각은 따라올 수밖에 없다. 이렇게 행동을 우선시하는 전략은 심리치료에서도 활용된다. '행동 활성화 (Behavioral Activation)'가 그것이다. 이는 행동을 먼저 변화시킴으로써 감정과 생각을 긍정적으로 변화시키는 심리치료 기법 중 하나다. 고민이나 결정 회피 같은 문제를 경험하는 사람들을 돕기 위해 심리 상담에서 많이 활용되기도 한다.

생각으로만 정답을 찾으려고 하지 말고 일단 행동을 함으로써 고민을 끝낼 수 있다. 지금 이 순간에도 '할까 말까' 고민되는 것이 분명 있을 것이다. 머리로만 고민해서는 결정하기 힘들다. 그럴 때는 행동을 먼저 해보자. 일단 해보자. 더 이상의 고민은 없다. 일단 몸을 움직였다면 거기에 집중하자. 후회 없도록 최선을 다하자. 그렇게 하는 것이 정답이라면 정답이다.

20세기 가장 영향력 있는 팝아트 예술가인 앤디 워홀은 다음과 같은 말을 남겼다.

"예술을 만들 생각하지 말고, 그냥 해라. 그것이 좋은지 나쁜지 사람들이 결정하게 둬라. 그들이 결정하는 동안 더 많은 예술을 만들어라."

("Don't think about making art, just get it done. Let everyone else decide if it's good or bad, whether they love it or hate it. While they are deciding, make even more art.")

이것이 예술이 될 수 있을지 없을지, 사람들이 좋아할지 싫어할지 고민하는 사이에 그냥 더 많은 작업을 하라는 의미의 말이다. 여러분도 마찬가지다. 할지 말지 고민되는 것이 있다면, 그냥 하는 것이 나을 수 있다. 잘한 것인지, 아닌지는 지금부터 여러분이 행동으로 옮긴 '그것에' 얼마나 최선을 다하느냐에 달려 있다.

쉬운 일부터 하면
성취감의 복리 효과를 얻는다

    여러분은 쉬운 일과 어려운 일, 이 둘 중 무엇을 먼저 하는 편인가? 단, 둘 다 급하지는 않다고 가정해보자. 나의 경우는 쉬운 일부터 한다. 왜냐하면 금방 끝낼 수 있기 때문이다. 어쨌든 끝낸 일은 성취감을 주기 때문이다. 예를 들어 다음과 같은 할 일들이 있는 상황이다.

    1. 경진대회 참가 신청하기
    2. 자기소개서 쓰기

3. 관리비 납부하기

이런 경우 나는 3번부터 한다. 가장 간단하기 때문이다. 고지서에 나와 있는 계좌번호를 확인한 후 은행 앱에 들어가 계좌이체만 하면 끝난다. 간단하게 1분도 안 걸려서 끝낼 수 있다. 대부분 사람도 이렇게 간단한 일부터 할 것으로 생각한다. 그런데도 이 말을 하는 이유는 굳이 어려운 일부터 하는 사람들이 있기 때문이다. 그렇게 해서는 성취감을 느낄 수 없다. 굳이 어려운 일부터 하며 스트레스를 받고, 간신히 어려운 일을 끝내더라도 그다음에 해야 할 쉬운 일을 할 때 부정적 영향을 받을 수 있다. 쉬운 일이라도 끝내놓으면 어쨌든 성취감을 느낄 수 있는데 말이다. 그렇게 성취감을 느끼며 어려운 일, 좀 더 어려운 일, 어려운 일을 순차적으로 해낼 수 있다.

일종의 도미노와 같다. 처음에는 작은 물체만 엎어뜨리는 것이다. 엎어진 작은 물체는 좀 더 큰 물체를 엎어뜨리고, 그것은 다시 좀 더 큰 물체를 엎어뜨리고, 그것은 다시 좀 더 큰 물체를 엎어뜨리고. 이렇게 하며 나중에는 처음 물체와는 비교도 안 될

만큼 큰 물체를 쓰러뜨릴 수 있다. 우리의 일도 마찬가지다. 처음부터 너무 큰일을 할 필요는 없다. 처음에는 작은 일부터 시작하자. 그렇게 하나 끝내놓으면, 그다음에는 좀 더 큰일을 시작할 수 있다. 그 이후에는 더욱더 큰일에 도전할 수 있다. 그런 식으로 나중에는 생각하지도 못했던 큰일을 해내고 있는 자신을 발견할 수 있을 것이다.

그러니 쉬운 일이 있을 땐 쉬운 일부터 시작하자. 쉬운 일이라도 하나씩 끝내며 성취감을 느껴보자. 성취감을 느끼며 그렇게 자신감을 쌓아갈 수 있다.

긍정심리학의 주요 연구자인 마틴 셀레그만은 성공적 경험이 우리의 성장과 학습에 중요한 역할을 한다고 강조한다. 성공적 경험은 자기 효능감을 높이고, 자신의 능력을 믿게 함으로써 더 높은 목표에 도전할 수 있는 자신감을 부여하는데, 이는 다시 학습과 성장을 촉진시키는 선순환의 구조를 만들 수 있다고 설명한다.[15]

여러분이 회사에 있을 때도 마찬가지다. 어려운 보고서를 먼저 작성하기보다는 간단히 처리할 수 있는 일부터 하자. 이메일 확인 후 답장 보내기, 다음 주 월요일 연차 상신하기, 회의실 예약하기, 출장 영수증 처리하기 등 간단히 끝낼 수 있는 일부터 하는 것이다. 어렵고 시간이 많이 걸리는 일을 처음부터 붙잡고 있지 말자. 일도 쉽게 끝나지 않을뿐더러 그만큼 스트레스를 받는다. 그 일을 하느라 다른 쉬운 일들까지 밀린다. 그럴 필요 없이 간단한 일부터 처리하면 스트레스 대신 일에 대한 자신감을 쌓을 수 있다. 해내면서 자신감을 차곡차곡 쌓아 더 큰일을 해나가면 된다. 물론 상황에 따라서는 중요한 일, 긴급한 일, 상사가 당장 하라고 시키는 일부터 해야 하는 경우도 있다. 그런 경우는 어쩔 수 없다.

이런 사람도 있다. 일을 시작할 때 괜히 쓸데없이 어려운 일부터 하려고 덤벼드는 사람이다. 어려운 일부터 끝내놓아야 직성이 풀리는 사람이다. 물론 그런 마음도 이해는 한다. 문제는 스트레스와 일의 효율이다. 처음부터 어려운 일에 매달리기에 그만큼 스트레스를 받는다. 스트레스를 받으니 일의 효율도 떨어질 수밖에 없다. 어려운 일을 끝내도 스트레스가 이미 쌓여 있어서 쉬운 일을 할 때도 영향이 있을 수밖에 없다. 쉬운 일부터 먼저 하면 좋은 또 하나의 이유다.

쉬운 일부터 하면 좋은 마지막 이유는 집중력 때문이다.

처음부터 집중력을 높이기는 쉽지 않다. 쉬운 일부터 시작하면 부담 없이 집중할 수 있다. 단계를 높여가며 어려운 일에도 집중할 수 있다. 우리는 어렵고 복잡한 일보다 쉽고 단순한 일을 할 때 쉽게 집중한다. 젓가락으로 구슬을 옮기는 놀이를 해본 적 있는가? 단순하지만 일단 시작하면 단숨에 빠져든다. 오로지 젓가락과 구슬에만 집중하게 된다. 처음부터 수학의 함수 문제를 푼다고 생각해보자. 벌써 머리가 지끈지끈하다. 풀어보려고 집중해보지만 집중력은 금세 달아나고 만다. 이렇듯 쉽고 단순한 것에 우리는 금세 집중하고, 그 집중력은 꽤 오래간다.

작가 마크 트웨인은 다음과 같은 말을 남겼다.

"앞서 나가는 비결은 시작하는 것이다. 시작하는 것의 비결은 복잡해 보이는 일 전체를 작은 단위들로 쪼개는 것이다. 그리고 쪼갠 단위들의 가장 첫 번째 것부터 시작하면 된다."

("The secret of getting ahead is getting started. The secret of getting started is breaking your complex overwhelming tasks into small manageable tasks, and starting on the first one.")

어려워 보이는 일이 있다면 그 일을 일단 쪼개자. 그리고 가장 쉬운 것부터 시작하자.

중요한 것은
일단 출발선에 자신을 세우는 것

글을 쓰고, 책을 쓰는 것은 나에게 쉽지 않은 일이다. 거의 매일같이 쓰는 글인데도, 글을 쓰기 시작하는 순간만큼은 항상 쉽지 않다. 이런 순간을 극복하기 위해 나는 '최대한 많이 써야 한다'는 것을 목표로 정하지 않는다. 대신 '분량에 상관없이 생각나는 대로 쓰고 싶은 만큼만 써야지'라고 생각한다. 이렇게 생각해야 부담이 덜하다. 부담이 덜한 만큼 그날의 글쓰기를 쉽게 시작할 수 있다.

유튜브 채널을 개설하고도 마찬가지다. 처음에는 의욕이 넘쳐서 '하루에 하나씩 영상을 올려야지' 했었다. 물론 초반에는 가능했다. 하지만 며칠 동안 계속 콘텐츠를 올리려다 보니 지쳤다. 나중에는 유튜브가 꼴도 보기 싫어졌다. 의욕이 너무 앞섰던 것이다. 처음 시작할 때의 목표는 최소 수준으로 잡자. '1주일에 한 번은 영상을 올리겠다', '한 달에 2번은 영상을 올리겠다'와 같이 최소 수준의 목표를 잡는 것이 좋다. 그렇게 해야 부담이 없고, 부담이 없는 만큼 포기하지 않고 꾸준히 하게 될 가능성이 커진다.

달리기도 마찬가지다. 매일 10km씩 뛰는 것을 목표로 잡지 말자. 매일 '1km만 뛰고 오자'라고 생각을 해야 그날 운동을 시작할 수 있다. 그렇게 해야 부담이 덜하다. 일단 나가서 뛰다 보면 2km도 뛰고 5km도 뛰게 되는 것이다. 처음부터 10km를 뛰고 와야 한다는 생각을 하면 시작조차 하지 못할 수 있다. 처음부터 목표를 크게 잡으면 안 되는 이유다. 시작할 엄두가 나지 않기 때문이다. 일단은 현재의 나에게 가장 잘 맞는, 가장 쉬운 시작을 목표로 잡아야 한다. 그렇게 출발선을 지나야 탄력을 받아 목표보다 더하게 될 수도 있다. 그 점을 노리고 활용해야 한다.

전에 아파트 18층에 산 적이 있다. 운동도 할 겸 가끔 18층까지 걸어 올라갔다. 18층을 걸어 올라가는 것이 쉬운 일은 아니다. 그런데도 몇 개월간은 거의 매일 했다. 비결은 무엇일까?

'18층까지 모두 계단으로 올라가겠다'고 생각하지 않았다. 그렇게 생각했다면 생각만으로도 부담스러워서 지속하지 못했을 것이다. 대신 이렇게 생각했다.

'일단 계단으로 올라가자. 올라가다가 힘들면 중간에 엘리베이터를 타자.'

최대한 부담을 덜어내는 쪽으로 생각했기 때문에 시작할 수 있었다. 계단을 오르다 보면 힘든 순간이 찾아왔다.

'힘든데 이제 엘리베이터를 탈까? 에이, 아니다. 조금만 더 올라가보자.'

그렇게 16층, 17층, 18층까지 걸어 올라갈 수 있었다.

그러므로 여러분도 어떤 일의 시작을 앞두고, 시작할 엄두가 나지 않아 시작을 못 하고 있다면 이런 생각을 해보자.

'3개월만 집중해서 시험을 준비해보고 안될 것 같으면 그때 가서 포기하지, 뭐.'
'큰 욕심 없이 매일 1km만 뛰어보자.'
'일주일에 2만 원씩만 모아보자.'

이런 생각으로 시작한다면 3개월 후에도 시험공부에 매진할 수 있는 집중력이 길러질 것이고, 매일 5km 이상씩 뛰게 될 수도 있으며, 한 달에 10만 원 이상 꼬박꼬박 모아볼 수 있다.

여러분이 시작하고 싶은 일을, 시작하지 못하고 있는 이유는 시작의 부담감 때문이다. 시작부터 목표가 너무 높아 엄두가 나지 않는 것이다. 무슨 일이든 새롭게 시작하고 싶은 일이 있다면 그 처음의 수준을 낮추자. 처음의 낮은 수준을 자신에게 약속하자. 그렇게 자신을 안심시켜 출발선에 세우자. 중요한 것은 일단 출발선에 자신을 세우는 것이다. 어떤 일이든 출발선에 섰다면 반은 성공이다. 하다 보면 '할 만하다'는 생각이 들고, 원래 목표했던 것보다 더하게 되는 경우가 많다. 이 점을 잊지 말자.

미국의 인권 운동가 마틴 루터 킹 목사는 다음과 같은 말을 했다.

"전체 계단을 볼 필요는 없다. 그저 첫걸음을 내디디면 된다."

("You don't have to see the whole staircase, just take the first step.")

전체 계단을 올려다 보면 누구나 두려워지는 법이다. '저 계단을 언제 다 올라가나' 한숨만 나온다. 그럴 땐 앞서 말한 것처럼 '중간까지만 올라가겠다'고 생각하자. 올라가다 힘들면 멈추어도 좋고 엘리베이터를 타도 좋다. 그렇게 낮은 목표와 낮은 부담감으로 시작을 하다 보면 자신도 모르는 사이 언젠가는 그 층계를 모두 올라와 있는 자신을 발견할 것이다. 아무리 높아 보이는 목표도 그렇게 낮게 시작하면 된다. 그것이 18층을 올라가는 방법이고, 에베레스트 산을 올라가는 방법이고, 원하는 목표를 '마침내' 달성하는 방법이다.

5장

일단 시작했다면
유지하는 것도
중요하다

시간을 아끼고 싶어 하는 것은
우리의 본능이다

    지하철이 막 떠나려 한다. 지하철 전동문이 닫히려 하고 있다. 조금만 빨리 뛰면 아슬아슬하게 탈 수도 있을 것 같다. 당신이라면 어떻게 하겠는가? 대부분 뛸 것이다. 자신도 모르게 몸이 움직일 것이다. 어떻게든 타보려고 말이다. 곧 떠나려는 버스를 보고, 곧 문이 닫히려는 엘리베이터를 보면 몸이 자동으로 움직인다.

왜 그런 걸까?

무언가를 놓치기 싫어하는 인간의 본능 때문이다. 눈앞에 있는 지하철, 버스를 놓치게 되면 그다음 것을 기다리면서 그만큼 시간을 더 써야 하기 때문이다. 그러고 보면 시간을 아끼려는 행동은 인간의 본능이다. 그 누구도 시간을 허투루 쓰는 것을 좋아하지 않는다. 미슐랭 가이드 별 3개의 맛집 2시간 대기를 하는 사람은 기다림이 좋아서가 아니다. 에버랜드의 티-익스프레스 롤러코스터 탑승 대기를 하는 사람은 기다림이 좋아서가 아니다.

그런데 가만히 생각해보자. 여러분은 평소에도 그렇게 시간에 신경을 쓰는가? 당신은 평소에도 그렇게 시간을 아끼려고 노력하는가? 오늘 여러분의 하루를 돌아보자. 오늘 하루 아쉬웠던 10분은 없는가? 오늘 하루 그냥 흘려보낸 30분은 없는가? 오늘 아침 평소보다 1시간 먼저 일어나려고 했던 노력은 성공하였는가? 다음 버스가 올 때까지의 5분은 그렇게 아쉬워하면서 추가로 만들어낼 수 있었던 1시간에 대해서는 왜 아까워하지 않는가?

당연한 얘기지만 시간은 하루 24시간은 누구에게나 똑같다. 누구에게나 제한적이고 끝이 있다. 효율적으로 쓰고 아끼는 습관이 중요한 이유다. 24시간을 25시간, 30시간으로 늘릴 수는 없다. 24시간이라는 제한된 시간에서 불필요한 시간을 줄이는 방법밖에 없다. 매출을 늘릴 수 없다면 비용을 줄여야 하는 것처럼, 시간을 늘릴 수 없다면 낭비되는 시간을 줄여야 한다. 낭비되는 시간의 대표적 예가 꾸물거림이다.

어차피 해야 할 일인데, 언제 해도 해야 하는 일인데 꾸물거리는 사람이 있다. 온갖 핑계를 대가며 미룬다. '시간이 없어서, 돈이 없어서, 아직 계약이 안 돼서, 아직 확실히 정해지지 않아서, 몸이 안 좋아서, 아직 마음의 준비가 안 돼서, 아직 대답이 없어서, 아직 준비가 덜 돼서, 아직 몸이 다 낫지 않아서, 아직 말이 없어서, 날씨가 안 좋아서, 장마 시즌이라, 불볕더위라, 올여름은 유난히 더워서. 올겨울은 유난히 추워서' 이런 핑계를 자신에게, 타인에게 둘러댄다.

좋다. 그러한 이유로 인해 실제로 시작에 어려움이 있을 수 있다. 그런데 분명한 것은 이유가 명확하든 아니든, 그만큼 시작은 늦어지고 있다는 점이다. 시작이 늦어지는 만큼 시간은 낭비된다. 한번 까먹은 시간은 되돌릴 수 없다. 알리 익스프레스에서 돈 주고 산 물건은 마음에 안 들면 환불이라도 가능하지, 그냥 흘려보낸 시간은 돌려받을 수도 없다.

시작의 어려움이 있는 상황에서 누군가는 '이거, 이거 때문에 지금은 시작할 수 없어'라고 생각하며 포기한다. 똑같은 상황에서 누군가는 '그럼에도 불구하고' 한번 해본다. 악조건이지만 그래도 해보는 것이다. 그런 사람은 아예 시작하지 않은 사람보다 조금이라도 앞서 나간다. 그 차이다.

없는 시간을 만들어내는 방법 중 하나는 꾸물거리지 않고 시작하는 것이다. 빨리 움직이는 만큼 더 많은 시간을 만들어낼 수 있다. 더 많은 시간을 만들어낼 수 있는 만큼 더 많은 시행착오를 거칠 수 있다. 더 많은 시행착오를 거칠 수 있는 만큼 더 많은 노하우와 요령을 습득할 수 있다. 더 많은 노하우와 요령을 습득할 수 있는 만큼 자신이 원하는 목표에 더 빨리 다가갈 수 있다.

앞서 말했듯, 우리는 시간을 허투루 쓰면 부정적 감정이 드는 존재다. 그런 본능을 일깨워서 시간을 허투루 쓰지 말자. 시간을 허투루 쓰면 부정적인 감정이 든다는 실제 연구 결과도 있다.

교육가이자 작가인 안나 뮐러 박사는 시간 낭비가 개인의 행복감에 미치는 영향에 대해 연구했다. 그는 생산적 활동이나 목표 달성에 이바지하지 않는 시간을 '유휴 시간(Idle Time, 게으름을 피우는 시간)'으로 정의하고 한 가지 실험을 진행했다. 연구 참여자들을 두 그룹으로 나누어 한 그룹은 일정 기간 정해진 목표에 따른 생산적인 활동을 하도록 권하고, 다른 그룹은 뚜렷한 목표 없이 게으름 피우는 시간을 갖도록 유도했다. 그 결과, 유휴 시간을 보낸 참가자들은 불안과 우울감이 증가했다. 이러한 불안과 우울감은 생산적 활동을 하지 않음으로써 느끼는 좌절감과 무력감에서 비롯된 것이라고 뮐러 박사는 설명했다.[16]

이처럼 특별한 이유 없이 시간을 보내는 활동은 정신 건강에도 좋지 않다. 시간을 허투루 보냈다는 생각이 들 때 괜히 우울해지고 불안해지는 것도 이 때문이다. 그러니 뭔가 해야 할 일이 있다면, 어차피 해야 할 일이 있다면 시작해보자. 일단 빨리 시작하는 만큼 시간을 버는 것이고 불필요한 우울감도 느끼지 않을 수 있다. 시간을 아끼고 싶어 하는 우리의 본능을 활용하자. 이런 본능에는 충실해지자.

생체 에너지 최첨단 절약시스템을 만들자

일단 시작을 했다면 그 시작을 유지하는 것도 중요하다. 시작 자체의 목적은 시작이 아니기 때문이다. 물론 시작한다는 것 자체로 의미가 있지만 시작이 과정으로 이어지고, 과정이 결과로 이어질 때 그 시작은 더 큰 의미가 있다. 이미 시작한 것을 꾸준히 반복해서 이어가는 것이 중요한 이유다. 일을 미루지 않고 시작하는 습관이 어느 정도 자리 잡았다면, 이제 그 시작을 기반으로 삼아 매일 시작을 반복하는 삶을 유지하여 목표에 다가선다고 생각하자.

그렇다면 한번 시작한 것을 어떻게 하면 작심삼일에 그치지 않고 반복해서 꾸준히 이어갈 수 있을까? 가장 좋은 방법은 시작과 과정을 '루틴화' 하는 것이다.

아리스토텔레스는 다음과 같이 말했다.

"품질은 행동이 아니라 습관이다."

("Quality is not an act, it is a habit.")

양질의 좋은 결과를 얻기 위해서는 일회성의 행동이 아니라 일관된 습관이 필요하다는 의미다. 습관의 중요성은 누구나 알고 있다. 습관과 루틴의 차이는 뭘까? 이 둘은 비슷해 보이지만 차이가 있다.

습관(Habit)은 무의식적으로 수행하는 행동이다. 별생각 없이 자동으로 하게 되는 행동이다. 아침에 일어나면 기지개를 켜고, 양치를 하고, 신발을 신을 때 오른발부터 넣는 행동이다. 이런 행동은 무의식적으로 한다. '아, 기지개를 켜야지, 양치를 해야지, 오른쪽부터 신발을 신어야지'라고 생각하고 다짐하며 행동하지 않는다.

반면 루틴(Routine)은 의식적으로 수행하는 행동이다. 의도성을 가지고 행하는 것이다. 아침에 일어나서 그날의 기도를 하고, 전신 스트레칭을 하고, 맛은 없지만 비타민 기포제를 물에 타 마시고 하는 행동들이다. 이런 행동은 '해야지' 하고 의식적으로 하는 행동이다.

이런 관점에서 우리가 주목해야 할 것은 '루틴'이다. 우리가 어떤 일을 시작한다는 것은 의도성을 가지고 있다는 의미이며 목표가 있기 때문이다. 그러한 목표 달성을 위해 우린 무언가를 시작한 것이며, 시작한 그것이 꾸준히 유지되도록 그 과정을 루틴으로 만들 필요가 있다.

나는 주중에는 일어나면 '의도적'으로 가장 먼저 시리얼을 두유에 타 먹는다. 밤새 텁텁해진 입안을 달콤하고 고소한 시리얼을 먹으며 씻어내는 기분이 든다. 어떨 때는 다음 날 아침에 시리얼을 먹을 수 있다는 생각에 흐뭇한 웃음을 지으며 잠이 들기도 한다. 말 그대로 일상의 소소한 행복이다. 두유를 시리얼에 부어놓고 침대를 정리한다. 그리고 아침 뉴스를 보며 시리얼을 먹는다.

그 후에는 샤워를 하고 출근길에 나선다. 목적지 주변 편의점에 들러서 빵과 커피를 구매한다. 빵과 커피를 함께 구매하면 세트 할인이 된다. 매일 아침 정해진 시간에 할인을 받으면 '나는 알뜰하고 합리적인 사람이야'라는 느낌을 받는다. 꽤 괜찮은 느낌이다. 큰돈을 벌 때 느끼는 행복보다 소소하게 돈을 아낄 때 느끼는 행복이 크다.

출근을 하고 나면 심리상담을 하거나, 책의 한 꼭지를 쓴다. 이것이 나의 아침 루틴이다. 이 루틴을 몇 년째 해오고 있다. 그 덕분에 매일 내가 해야 할 일들을 빼놓지 않고 할 수 있으며, 동시에 내가 목표로 한 바를 꾸준히 이루어 나갈 수 있다. 루틴의 힘은 강력하다. 적은 노력, 적은 집중력, 적은 에너지로도 목표에 쉽게 다가갈 수 있도록 해준다. 가성비를 높여주는 시스템이다. 여러분도 여러분만의 가성비 시스템을 만들자.

일상 속 건설적 루틴이 만들어지면 다음과 같은 장점들이 있다.

첫째, 안정감과 예측 가능성을 만들어준다. 일정한 시간에 일정한 활동을 수행함으로써 무엇을 해야 하는지 스스로 깨닫는 효과가 있다. 이는 상황에 대한 불확실성을 줄이고, 시간을 허투루 보냈다는 자책감을 피할 수 있게 한다. 일상의 불확실함과 무력감에 대한 스트레스를 줄여준다. 정서적 안정감을 느낄 수 있다.

둘째, 생산성을 높여준다. 일정한 행동 패턴을 유지하면 시간을 효율적으로 관리할 수 있다. 저널리스트이자 작가인 찰스 두히그는 그의 저서 《습관의 힘(The Power of Habit)》을 통해 루틴의 생산성에 대해 다음과 같이 강조했다.

"루틴은 행동을 자동화시키고, 뇌가 에너지를 절약하여 집중력을 높이는 데 도움을 준다."

맞는 말이다. 매일 같이 산에 오르는 사람을 보며 우리는 "와, 정말 대단하다. 어떻게 하루도 안 빠지고 매일같이 산에 올라갈 수 있지?"라고 놀라곤 한다. 그에게는 우리가 생각하는 것만큼 힘든 일이 아닐 수 있다. 루틴으로 자리 잡았기 때문이다. 루틴은 그런 의미에서 '생체 에너지 최첨단 절약시스템'인 것이다.

시작하는 것만큼
'다시 시작하는 것'도 중요하다

시작하는 것만큼이나 중요한 것이 있다. '다시' 시작하는 것이다.

물론 그러면 좋겠지만 한번의 시작이 끝까지 쭉 이어지는 경우는 드물다. 한 번의 시도로 성공하는 경우도 드물다. 어떤 일을 시작했다가 포기했다고 해서 너무 자책하지도 말자. 한 번의 포기로 영원히 포기하는 것을 자책해야 한다. 한 번의 시작으로 끝까지 간다는 생각 자체가 무리한 생각이다. 포기했던 일을 다시 시작하는 '성장 마인드셋(Growth Mindset)'을 활용할 수 있다.

    스탠포드대학교 심리학과 캐롤 드웩 교수는 실패 후 재도전에 임할 때 자기 효능감과 능력에 어떤 변화가 있는지에 대해 연구했다. 그는 '성장 마인드셋(Growth Mindset)'이라는 개념을 소개했는데, 이는 우리의 능력과 지능이 고정된 것이 아니라 노력과 학습을 통해 발전할 수 있다고 믿는 사고방식이다. 그는 다양한 운동 종목에 참여하는 청소년, 성인 운동선수들을 대상으로 연구를 진행했다. 모든 참여자에게 운동과 관련한 공통 과제를 수행하게 하고 일부러 실패를 경험하게 했다. 이후 참여자들을 두 그룹으로 나누어, 한 그룹은 성장 마인드셋을 강화하는 훈련을 받고, 다른 그룹은 일반 훈련을 받도록 했다. 그리고 모두에게 동일한 도전 과제를 다시 수행하게 하자, 성장 마인드셋 훈련을 받은 그룹은 재도전 시기에 자기 효능감이 현저히 증가했고, 실패를 배움의 기회로 인식하는 경향이 강해졌다. 이들은 실제로 더 높은 성과를 기록했으며, 운동 능력도 향상되었다. 실패 후에도 긍정적인 태도를 유지하며, 도전에 대한 두려움을 감소시킬 수 있었다.[17]

시작이 중단된 후 두 번째로 시작을 할 때는 이러한 성장 마인드셋을 활용하자. 성장 마인드셋을 통해 두 번째 시작은 첫 번째 시작보다 더욱 강력해질 수 있다. 성장 마인드셋 훈련의 핵심은 간단하다. 자신에게 긍정적 말을 반복해주는 것이다.

"다시 시작해도 괜찮다. 다시 시작하는 것은 늘 자연스러운 일이다. 이 역시 성공의 일부이다. 처음 시작할 때보다 난 더 강력해졌다. 처음 시작보다 더 많은 성공의 가능성을 가지고 있다."

'타오바오', '티몰', '알리 익스프레스'는 우리에게도 너무나 친숙한 중국 온라인 쇼핑몰이다. 친숙함을 넘어 우리나라 온라인 쇼핑몰의 입지를 위협하고 있다. 이 모든 쇼핑 플랫폼을 가지고 있는 회사가 바로 '알리바바(Alibaba)' 그룹이다. 알리바바 그룹은 세계 최대 전자상거래 기업 중 하나로 1999년에 설립 이래, 급격한 성장을 거듭하며 전 세계 온라인 쇼핑 시장을 아우르고 있다. 이 엄청난 회사를 만든 장본인이 마윈(马云)이라는 사람이다. 마윈의 사업은 처음부터 승승장구했던 것은 아니다. 그야말로 다시 시작하는 것의 중요성을 몸소 보여준 사람이 아닌가 생각한다.

그는 대학 졸업 후 30번 이상의 취업 도전에서 실패했다. 가장 유명한 사례는 패스트푸드 체인 'KFC'에서의 면접이다. 당시 24명이 면접을 봤는데, 마원을 제외한 23명이 채용되었다. 경찰관 시험에 응시했을 때도 지원자 5명 중 4명이 합격했으나 그는 유일한 불합격자였다. 그는 어쩔 수 없이 영어를 가르치는 일을 하며 생계를 유지해야 했다. 하지만 포기하지 않았다. 이후로도 두 번째, 세 번째 시작을 이어갔다.

포기했던 일을 다시 시작하는 것은 쉬운 일이 아니다. 여러분 역시 그렇다. 나도 그렇다. 자신감, 자존감이 떨어져서 회복하기 어려울 수도 있다. 그렇다고 거기서 끝낼 필요 없다. 첫 도전에 성공하는 경우가 드물다. 첫 시도가 끝까지 이어지는 경우가 드물다.

'한번 시도하고 멈췄던 일인데 다시 한다고 해서 될까?'라고 생각하지 말자.

'한번 해봤던 일이기 때문에 이번엔 더 잘할 수 있을 것이다'
라고 생각하자.

실제로 그렇게 될 것이다.

누구나 시작할 수 있다. 시작하고 멈출 수 있다. 중요한 것은
다시 시작해도 전혀 문제가 없다는 것을 깨닫는 것이다. 그리고
다시 시작하면 된다. 그것이 성공의 자연스러운 수순(手順)이다.
멈추었던 일이 있다면, 지금 다시 시작하자. 다시 시작하는 것이
더 중요하다.

단순한 작업 환경이
시작을 매끄럽게 한다

시작을 '잘' 할 수 있는 환경을 만드는 것이 중요하다. 이를 위해서는 시작의 방해 요인들을 없애야 한다. 예를 들어 자신의 방에서 공부를 한다고 생각해보자. 수많은 유혹이 있다. 스마트폰, 침대, 거실에서 들려오는 TV 소리, 냉장고에 있는 아이스크림, 케이크…… 공부만 시작하려고 하면 이런 것들이 생각난다. '잠깐만 쉬었다 하자'라는 생각으로 침대에 앉으면 곧 누워 있는 자신을 발견하게 된다. 방해 요인이 많을수록 시작하기 어렵다.

나 역시 마찬가지다. 글을 쓰려고 노트북을 펼친다. 집필 중인 파일을 열기 전에 나도 모르게 인터넷 창을 연다. '마이크로소프트' 사의 '엣지(Edge)'가 내 노트북의 기본 웹 브라우저다. 그곳에는 눈길을 사로잡는 온갖 기사가 가득하다. '모 배우의 은밀한 사생활, 누구의 안타까운 소식, 누구누구 결국 떠나기로 했다'와 같은 헤드라인에 시선을 빼앗겨 클릭을 해보면 그 기대와 호기심은 여지없이 무너진다. 정말 쓸데없는 내용이다. 짜증이 난다. 그렇게 시간을 흘려보내다 다시 글쓰기에 집중하려고 노력한다. 이렇게 인터넷 속 과장성 기사들이 나의 글쓰기를 방해하는 요인이다.

시작의 집중력을 높일 수 있는 방법에는 무엇이 있을까?

첫 번째는 물리적 환경을 조성하는 것이다.

신경과학자 사빈 케스트너가 진행한 '물리적 환경이 집중력에 미치는 영향' 연구에 따르면, 어수선한 물리적 환경은, 학습이나 과제를 해결할 때 필요한 인지적 요구량을 뜻하는 인지 부하(Cognitive Load)를 증가시켜 작업 기억에 부정적 영향을 미치는 것으로 나타났다. 시각적으로 복잡한 작업 환경은 뇌가 불필요한 정보를 걸러내는 데 더 많은 에너지를 사용하게 만든다는 의미다.[18]

시작과 작업의 공간은 최대한 단순하게 만들자. 시작의 순간이 단순할수록 시작은 더 쉽고 효율적이 된다. 필요하지 않은 물건들은 치우자. 꼭 필요한 물건들만 남겨두자. 공부나 작업을 시작할 땐 책상 위에 최소한의 물건만 놓아두자. 쓸데없는 물건을 잘 치워둘수록 시작의 집중력은 올라간다.

전원선도 마찬가지다. 책상 위에 있는 휴대폰 충전기선, 노트북 전원선, 스탠드 전원선 등 온갖 선은 정리하자. 선이 깔끔하게 정리될수록 마음도 잘 정리된다. 마음이 정리될수록 집중력이 올라간다. 문서나 서류도 마찬가지다. 책상 위에는 꼭 필요한 문서만 남겨두자. 나머지는 서류함이나 파일 캐비닛에 보관하자. 책상 위는 작업의 공간이지 보관의 공간이 아니다.

벽면도 마찬가지다. 벽에 많은 장식물이나 사진이 있으면 시각적 과부하를 유발할 수 있다. 필요한 장식물만 남기고, 나머지는 과감하게 정리하자.

디지털 환경도 마찬가지다. 컴퓨터 바탕화면의 아이콘을 최소화하고, 폴더를 사용해 정리하자. 깔끔한 바탕화면은 디지털 환경에서의 시각적 혼란을 줄여준다.

정기적으로 정리의 시간을 갖자. 작업을 시작하기 전, 몇 분이라도 작업 공간정리 의식(?)을 갖자. 이런 시간은 공간을 항상 깔끔하게 유지하는 데 도움이 된다. 나는 보통 월요일 아침에 이런 시간을 갖는다. 노트북을 부팅한 후 바탕화면부터 정리한다. 바탕화면에 있는 아이콘 중에 잘 쓰지 않는 것들은 일단 휴지통에 버린다. 1, 2주가 지나도 아무 문제 없으면 그때 과감히 영구 삭제 버튼을 누른다. 휴지통에 있는 파일들을 비울 때 내 마음도 비워지는 느낌이다. 속이 후련해진다. 내 노트북 휴지통과 내 마음은 그렇게 연결되어 있다.

두 번째는 인터넷 사용 차단이다.

런던정치경제대학교 사회심리학과 소니아 리빙스톤 교수는 디지털 미디어와 인터넷 사용이 사람들의 인지능력과 사회적 행동에 미치는 영향에 대해 연구했다. 그 결과에 따르면, 인터넷과 소셜 미디어 사용이 주의 산만과 집중력 저하를 유발하는 데 큰 영향을 미치는 것으로 나타났으며, 특히 계속해서 푸시 알림을 받는 경우 주의력이 분산되고 작업 성과가 낮아지는 것으로 나타났다.[19]

참 공감이 가는 연구 결과다. 글을 쓰고 있는 지금도 나는 '알림' 공세에 시달린다. 카톡 알림, 문자 알림, 앱 알림이 가장 큰 적이다. 집중을 하려고 하면 알림이 온다. 알림을 아예 끄고 싶기도 하지만 그러기엔 또 불안하다. 항상 마주치는 딜레마다. 이럴 땐 어떻게 하면 좋을까?

과감하게 알림을 꺼야 한다. 비행기 모드를 자주 활용하자. 불안한가? 솔직해지자. 당신이 뭔가에 집중하는 30분, 1시간 동안 알람을 꺼놓는다고 해서 어떤 큰일이 벌어질까? 당신이 30분, 1시간 동안 카톡, 문자, SNS를 확인하지 않는다고 해서 세상이 망할까? 그렇지 않다. 괜찮다. 그러니 시작의 순간에는, 집중의 순간에는, 잠시 세상과 단절되자. 그렇게 해도 별일은 벌어지지 않는다. 괜찮다.

시점을 결정하는 것 하나만으로도
시작에 불이 붙는다

결심에 '시점'이 필수적으로 포함되어야 하는 이유는 무엇일까? 뚜렷한 목적과 방향이 나타나기 때문이다.

"언젠가 할 것이다."

이런 말을 들을 때도 있고 내가 할 때도 있다. 이 말에는 '나중에 하겠다'는 막연한 결심이 들어있다. '언젠가'라는 말이 편안하고 무난하게 들릴지 모르겠다. 명확한 계획이나 강한 의지는 느껴지지 않는다. 본격적 행동을 미루고자 하는 마음이 숨어 있다.

'이번 주말까지 끝내겠다.'
'이번 달 말까지 완성하겠다.'
'크리스마스 전까지 마치겠다.'
'1년 내로 이루겠다.'

이처럼 구체적 시점이 계획에 포함되어 있다면 이것이 결심을 강화하고, 행동을 촉진하며, 목표 달성 가능성을 높여주는 힘이 된다. 시점이 없는 다짐은 목적지 없는 운행과 같다. 목적지 없이 출발한 운행이 얼마나 의미가 있을까? 목적지가 없기에 어디로 가도 상관없다는 마음이 생기지 않을까? 마찬가지로 시점이 없는 목표는 언제든지 미룰 수 있다. 언제 시작해도, 언제 끝내도 상관없다는 생각이 들 수밖에 없다. 결국 달성하지 못할 가능성이 크다.

구체적 시점이 포함된 결심과 구체적 시점이 포함되지 않은 결심은 "실현 가능성에서 큰 차이가 있다"고 주장하는 연구 결과가 있다.

미주리대학교 심리학과의 테레즈 마칸 교수는 시간 경영이
라는 주제로 연구를 진행하였고, 다음의 세 가지 중요한 내용을
소개했다.[20]

첫 번째, 목표 달성의 시점을 정하는 것은 효율성을 높인다는
점이다.

구체적인 목표 설정과 시간 계획을 세우는 것이 업무 성과를
높이는 데 중요한 역할을 하는 것으로 나타났다. 구체적 시점을
포함한 계획은 해야 할 일을 명확히 만든다. 행동을 구체적으로
계획하게 한다. 필요한 행동을 촉진하고, 시간 낭비를 줄이고,
업무 효율성을 높일 수 있는 것으로 나타났다.

두 번째, 스트레스를 감소시킨다는 것이다.

시간 관리를 효과적으로 하는 사람들은 그렇지 않은 사람들

에 비해 스트레스 수준이 낮은 것으로 나타났다. 목표 달성 시기가 없는 상태에서는 막연한 일정에 대한 불안감, 혼란스러움이 가중될 수밖에 없다. 목표 달성에 대한 부담감이 증가하며 이와 관련한 스트레스 수준이 증가할 수 있는 것으로 나타났다.

세 번째, 스스로 진도율을 관리할 수 있다는 점이다.

구체적 시점을 정하고 이를 평가하는 과정을 통해 진도율 관리가 가능하다. 목표 달성의 진척도를 확인하고, 필요한 경우 계획을 수정하고, 지속적 개선을 해 나가는 데 도움이 되는 것으로 나타났다.

일상에서 우리가 흔히 하는 말이 있다. "언제 밥 한번 같이 먹자"라는 말이다. 이 밥은 대체 언제쯤 먹을 수 있을까? 밥을 먹자는 의도는 전달했으나 구체적 시기를 함께 언급하지 않았기 때문에 실현될 가능성이 낮다. 구체적 시점이 없는 제안은 한 번뿐인 말로 끝날 가능성이 크다. 나는 사람들과 약속을 할 때 진심으로 다시 만나고 싶으면 날짜를 언급한다. "저희 언제 한번 식사 같이하시죠? 다음 주 수요일 점심 어떠세요?"와 같은 식이다. 단순히 인사치레로 얘기할 때보다 상대방에 대한 호감을 더욱 적극적으로 표시할 수 있다. 이 말을 듣는 상대의 입장에서도 '아, 이분이 다시 한번 보자는 것이 진심이군'이라고 생각하고 대부분 응한다.

마찬가지로 "꼭 살을 빼겠다", "그 시험은 꼭 합격하겠다", "1억 원을 모으겠다"와 같은 말은 현실로 실현되기 어렵다. 구체적 시기가 없기 때문이다. 시점은 중요하다. 기한이 없는 목표, 의지, 결심은 허공에 흩어질 가능성이 크다. 회사 차원의 목표를 잡을 때도 항상 기한을 명시하는 이유다. 여러분이 회사에서 개인의 목표, 부서의 목표를 정할 때는 시점을 항상 포함할 것이다.

'올해 상반기까지 매출 20% 성장.'
'2030년까지 D램 반도체 1위 탈환.'
'올해 말까지 시장 점유율 20% 달성.'

이런 식이다. 여러분이 회사에서 여러분의 개인 목표, 팀 목표, 회사 목표를 정할 때는 시점을 정하면서 자신의 개인적 건강, 학습, 운동, 자기 계발, 꿈 등 개인적 목표를 정할 때는 왜 시점을 정하지 않는가? 꼭 기억하자. 시점이 없는 결심은 그대로 끝나버릴 가능성이 크다. 시점 없는 결심은 그냥 안 해도 상관없다는 의미다.

실패 시뮬레이션을 통해
마음을 단련한다

　성공으로 가는 길이 항상 순탄하지만은 않다. 누구나 실패의 가능성을 안고 도전한다. 많은 사람들은 실패를 두려워하고, 그 두려움이 목표 달성을 방해한다. 하지만 실패를 미리 경험해보는 것이 목표 달성의지를 증가시키는 데 도움이 될 수 있다. 최악의 상황을 미리 간접 경험하는 '실패 시뮬레이션'이 어떻게 목표 완주 의지를 강화하는지 알아보자.

실패 시뮬레이션이란, 자신이 설정한 목표를 달성하지 못했을 때 겪을 수 있는 최악의 상황을 가정해보는 것이다. 단순한 가정에서 나아가 최대한 생생히 체험해보는 것이다. 실제로 실패를 경험하는 것은 아니지만 실패를 마음속 깊이 그려보는 것이다.

이것은 왜 필요할까?

첫 번째, 두려움을 줄이기 위함이다.

두려움은 보이지 않는 것에서 온다. 막연한 두려움은 우리의 상상 속에서 과장되기 때문이다. 이른 아침 안개가 자욱한 고속도로 위를 운전해 가본 적 있는가? 두렵다. 한 치 앞이 보이지 않기 때문이다. 두려워서 실제로 그 앞에 뭐가 있든 없든 간에 속도를 줄일 수밖에 없게 된다.

두려움은 보이지 않을 때 느끼는 감정이다. 실패도 마찬가지다. 실패가 두려운 이유는 실패가 명확히 보이지 않기 때문이다.

실패했을 때의 감정만이 어렴풋이 느껴질 뿐이다. 하지만 실패한 상황을 정확히 그려보고 최대한 예측하고, 떠올려 본다면 그 상황이 그렇게까지 죽고 싶을 만큼 괴로운 상황은 아니라는 것을 깨닫는다. '실패를 했을 때 이 정도 상황이 되겠구나. 그럭저럭 또 버텨낼 만한 상황이 되겠구나' 하며 실패에 대해 담담해질 수 있다. 실패를 직면하여 미리 그려보는 순간, 실패는 더 이상 두려운 대상이 아니다.

두 번째, 심리적 대처를 위함이다.

'실패 시뮬레이션'을 통해 최악의 상황을 미리 경험해보면, 그 상황이 실제로 닥쳤을 때 느끼는 충격을 완화할 수 있다. 이는 심리적 준비를 강화하는 데 도움을 준다. 심리적 준비를 강화한다는 것은 불확실성과 스트레스가 가득한 상황에서도 자신의 감정과 행동을 잘 조절할 수 있는 능력을 키우는 것을 의미한다. 실제 상황과 내가 머릿속으로 그려본 최악의 상황이 동일할 수는 없지만 불확실성을 줄이고 충격을 완화할 수 있다. 그러한 상황이 닥쳤을 때 어떻게 대처할 것인지 심리적으로 방안을 마련

해둘 수 있는 것이다.

이는 스포츠 선수들에게도 마찬가지다. 운동선수들은 경기에서 발생할 수 있는 최악의 상황을 미리 시뮬레이션해보며 심리적 준비를 강화한다. 중요한 경기에서 부상을 당했을 때 상황을 미리 상상해보고, 그에 대한 대처 방안을 마련하는 것이다. 이런 과정을 통해 그들은 실제로 부상을 당했을 때 느낄 충격을 줄이고, 신속하게 회복하여 경기에 복귀할 수 있는 능력을 키운다.

노박 조코비치는 현존하는 테니스 남자부문 최강 선수 중 한 명으로 꼽힌다. 그는 자신의 경기를 준비하고 심리적으로 강화하기 위해 몇 가지 상황을 상상하고 대비하는 것으로 알려져 있다. 체력이 떨어지는 상황, 관중의 압박이 심해지는 상황, 심판의 판정이 불리하게 작용하는 상황 등을 미리 상상하고 그에 대비하는 방법을 연습한다. 이는 실제 경기에서 그가 받을 스트레스를 완화하고 집중력을 유지하는 데 도움을 준다.

시각화 기법도 활용한다. 실패하는 순간을 최대한 생생히 그려본다. 서브가 실패했을 때, 상대의 공을 받아내지 못했을 때, 자신이 친 공이 네트에 걸렸을 때 등 실패와 좌절의 순간을 최대한 생생히 그려보는 것이다. 그러한 상황을 미리 경험해보면 그 상황이 실제로 닥쳤을 때 좀 더 의연하고 수월하게 대처할 수 있다. 그 상황에서도 침착하고 집중력을 유지할 수 있는 것이다.

실패, 그것은 당신이 생각하는 것만큼 대단한 일은 아닐 수 있다. 막상 실패하더라도 세상은 망하지 않는다는 사실, 얼마든지 다시 할 수 있다는 사실을 미리 경험해봤으면 좋겠다. 그런 관점에서 실패를 미리 간접 경험해보는 것은 확실한 도움이 된다. 이렇게 실패에 대한 두려움을 줄여 나가보자. 두 눈을 부릅뜨고 실패를 바라볼 수 있다면 실패에 대한 두려움은 관리가 가능한 영역이다.

과거의 성공 경험에서
자신감을 되새긴다

실제로 우리는 상상보다 훨씬 더 많은 잠재력을 가지고 있는 존재다. 끊임없는 노력과 학습을 통해 어떤 일도 성취할 수 있다는 사실을 기억해야 한다. 이를 위해 과거 성공 경험을 되새겨보는 것은 중요하다. 과거에 성공해보지 않은 사람은 없다. 실패만 하는 사람은 없기 때문이다. 그리 어렵지 않더라도 준비했던 시험에 합격했던 것도 성공이고, 원하던 회사에 취업한 것도 성공이다. 좋아하던 사람과 정식으로 교제를 했던 경험도 성공이고, 군 복무를 다친 곳 없이 무사히 마친 것도 성공이다. 우리 모두는 성공해왔다. 우리는 모두 성공의 경험이 있는 존재다.

과거에 어려움을 극복하고 성공했던 경험을 떠올리면, 현재 직면한 어려움을 극복하는 데 도움이 된다. 나에게는 군 생활이 그랬다. 처음 군 생활을 할 때는 모든 것이 무섭고 막막했다. 처음 만나는 사람들, 처음 접해보는 통제 환경, 처음 겪어보는 계급사회, 모든 것이 낯설고 무서웠다. 그런데 어찌저찌 해냈다. 그렇게 26개월의 군 생활을 마치고 나니, 회사라는 조직에 들어가고 적응하는 과정이 그렇게 두렵진 않았다. 새로운 대학교에 편입하여 생활하던 순간, 첫 회사에 처음 출근하던 순간, 이직한 회사에 처음 출근하던 순간, 누군가를 처음 미팅에서 만나는 순간, 그 '처음'의 순간들이 떨리고 긴장되긴 했지만 두렵진 않았다. '군 생활도 해냈는데 이것을 내가 못 해내겠느냐' 하는 생각이 들었기 때문이다.

누군가는 "군 생활은 남자라면 다 하는 건데 그게 뭐 대단한 거라고 할 수 있나? 그게 뭐 성공인 건가?"라고 반문할 수 있다. 중요한 것은 실제 성공인지 아닌지 구별하는 것이 아니다. 과거 자신의 어떤 경험을 성공으로 볼 것인지, 아닌지가 중요하다. 그리고 자신이 거둔 성공과 성과에서 자신감을 얻는 것, 그 자체가 중요하다.

'그렇지. 내가 지금 이 일에 도전하는 것이 힘들 것 같기는 하지만 그래도 항상 실패만 했던 건 아니었다. 생각해보면 예전에 이와 비슷한 상황에서도 결국 잘 해냈었잖아.'

과거에 비슷하게 어려웠던 상황과 그것을 극복했던 사례를 떠올려보자. 그리고 자신감을 얻자. 아무리 많은 성공을 하면 뭐 하는가? 기억하지 못하고, 활용하지 못한다면 소용없다. 작은 성공이라도 그것을 떠올릴 수 있고 활용할 수 있다면, 그것이 진정한 성공 아니겠는가?

과거에 이룬 작은 성공 경험을 떠올리는 것은 스트레스 감소에도 도움이 된다. 과거 성공 경험을 떠올리며, 자신감을 얻고 힘을 얻고 용기를 얻을 수 있기 때문이다. 이렇게 긍정적 감정을 느끼면, 우리 뇌에서는 긍정적 화학작용이 일어난다. 관련 연구에 따르면, 우리가 기쁨이나 즐거움, 자신감 등 긍정적 감정을 느낄 때 스트레스 호르몬인 코티솔(Cortisol) 분비가 감소하는 것으로 나타났다. 더 나아가 신체적·정신적 회복력이 높아지고, 면역력을 강화하며, 심혈관 건강을 개선하는 효과가 있는 것으로 나타났다.[21]

여러분이 어떤 일을 앞두고 고민되고 불안하다면, 자신에게 이런 말을 해주자.

"너무 겁먹지 말자. 예전에도 비슷한 상황에 있었잖아. 그런데 결국 잘 해냈잖아. 이번에도 잘 해낼 거야. 파이팅!"

미국의 시인 마야 안젤루는 다음과 같이 말했다.

"당신의 용기는 당신이 수많은 어려움을 극복해냈다는 사실에서 나온다. 당신이 결국 그것들을 극복해냈던 것처럼, 이번에도 그것들을 극복해낼 수 있을 것이다."

("Your courage comes from the fact that you have survived countless difficulties. Just as you have overcome them before, you can overcome them again.")

　그렇다. 당신이 지금 새로운 도전을 앞두고 용기가 나지 않는다면 방법은 간단하다. 당신의 과거 성공 경험을 떠올려보는 것이다. 그런 경험을 자신에게 자각시키자. 지금의 어려움을 기꺼이 이겨낼 수 있는 용기가 솟아날 것이다. 그렇게 용기를 내어 이번에도, 앞으로도 잘 해내보자.

참고문헌

1 Gilovich, T., & Medvec, V. H. (1994). The temporal pattern to the experience of regret. Journal of Personality and Social Psychology, 67(3), 357-365.

2 Tice, D. M., & Baumeister, R. F. (1997). Longitudinal Study of Procrastination, Performance, Stress, and Health: The Costs and Benefits of Dawdling. Psychological Science, 8(6), 454-458

3 Steel, P. (2007). The nature of procrastination: A meta-analytic and theoretical review of quintessential self-regulatory failure. Psychological Bulletin, 133(1), 65-94.

4 Ferrari, Joseph & Tice, Dianne. (2000). Procrastination as a Self-Handicap for Men and Women: A Task-Avoidance Strategy in a Laboratory Setting. Journal of Research in Personality. 34. 73-83. 10.1006/jrpe.1999.2261.

5 Gilovich, T., & Medvec, V. H. (1995). The experience of regret: What, when, and why. Psychological Review, 102(2), 379-395

6 Masten, A. S. (2001). Ordinary Magic: Resilience Processes in

Development. American Psychologist, 56(3), 227-238.

7 https://theweek.com/articles/460783/warren-buffett-formula-how-smarter

8 Steel, P. (2007). The Nature of Procrastination: A Meta-Analytic and Theoretical Review of Quintessential Self-Regulatory Failure. Psychological Bulletin, 133(1), 65-94

9 https://hbr.org/2011/05/the-power-of-small-wins

10 Ariely, D., & Wertenbroch, K. (2002). Procrastination, deadlines, and performance: Self-control by precommitment. Psychological Science, 13(3), 219-224.

11 Leroy, S. (2009). Why is it so hard to do my work? The challenge of attention residue when switching between work tasks. Organizational Behavior and Human Decision Processes, 109(2), 168-181

12 Amabile, T. M., & Kramer, S. J. (2011). The Progress Principle: Using Small Wins to Ignite Joy, Engagement, and Creativity at Work. Harvard Business Review Press

13 Lally, P., Van Jaarsveld, C. H. M., Potts, H. W. W., & Wardle, J. (2010). "How are habits formed: Modelling habit formation in the real world". European Journal of Social Psychology, 40(6), 998-1009

14 Anderson, C. J. (2003). The psychology of doing nothing: Forms of decision avoidance result from reason and emotion. Psychological Bulletin, 129(1), 139-167.

15 Seligman, M. E. P. (2002). Authentic happiness: Using the new positive psychology to realize your potential for lasting fulfillment. New York, NY: Free Press.

16 Müller, A., Weber, M., & Schmid, L. (2023). Effects of idle time on well-being: An experimental study. Zeitschrift für Arbeits- und Organisationspsychologie, 68(2)

17 Dweck, C. S. (2006). Mindset: The New Psychology of Success. New York: Random House Publishing Group.

18 McMains, S., & Kastner, S. (2011). Interactions of top-down and bottom-up mechanisms in human visual cortex. Journal of

Neuroscience, 31(2), 587-597.

19 Livingstone, S. (2009). Children and the Internet: Great Expectations, Challenging Realities. Polity.

20 Macan, T. H. (1994). Time management: Test of a process model. Journal of Applied Psychology, 79(3), 381-391.

21 Fredrickson BL. The role of positive emotions in positive psychology. The broaden-and-build theory of positive emotions. Am Psychol. 2001 Mar;56(3):218-26.

미루지 않고 바로 하는
시작의 기술

초판 발행　　2025년 1월 10일

지은이　　　최정우
펴낸곳　　　다른상상
등록번호　　제399-2018-000014호
전화　　　　02)3661-5964
팩스　　　　02)6008-5964
전자우편　　darunsangsang@naver.com

ISBN　　　 979-11-93808-17-7　03190

독자 여러분의 책에 관한 아이디어나 원고 투고를 설레는 마음으로 기다리고 있습니다.
이메일로 간단한 개요와 취지, 연락처를 보내주세요. 독자님과 함께하겠습니다.